DE L'ORIGINE

ET DES FONCTIONS

DES CONSULS.

<hr>

Avec permission de la Censure.

<hr>

DE L'ORIGINE

ET DES

FONCTIONS

DES CONSULS.

Par *F. BOREL,*

Assesseur de Collége de S. M. l'Empereur de toutes les Russies, et Chef de division au Ministère de Commerce.

A SAINT-PÉTERSBOURG,

CHEZ Á. PLUCHART; IMPRIMEUR DU DÉPARTEMENT

DES AFFAIRES ÉTRANGÈRES.

1807.

Monsieur le Comte,

La constante sollicitude de Votre Excellence pour le bien public, lui a fait penser que l'ouvrage que j'ai l'honneur de lui dédier, pouvait être utile, et ses bontés m'ont encouragé à le *faire ; je n'aurai rien à désirer, si on le trouve digne à la fois de son objet et de son protecteur.*

Je suis avec le plus profond respect,

Monsieur le Comte,

De Votre Excellence,

Le très-humble et très-dévoué
Serviteur,

BOREL.

PRÉFACE.

TOUTES les nations modernes qui se sont livrées au commerce extérieur, ont également senti la nécessité d'avoir des Consuls, et elles en entretiennent les unes chez les autres sur un plan plus ou moins étendu.

Mes relations nécessaires avec cette classe de fonctionnaires publics dans un grand Empire, m'ont souvent rappelé aux principes, pour fixer la nature et les limites de leurs fonctions. De-là les recherches auxquelles je me suis livré. J'ose espérer qu'elles ne seront pas sans intérêt pour ceux qu'elles concernent : ce n'est souvent que dans son histoire, qu'on trouve le véritable esprit d'une institution.

J'ai rassemblé dans l'appendice presque tous les réglemens anciens et modernes des nations européennes, ou au moins les plus curieux ; et on sera frappé sans doute de l'uniformité remarquable qui existe dans ces actes administratifs ; mais on aurait tort d'en conclure que cette ressemblance n'est due qu'à l'esprit d'imitation qui gouverne les hommes, et même les nations de beaucoup plus près qu'on ne le croit communément. En y réfléchissant davantage, on se convaincra que des ressources semblables ont été suggérées par les mêmes besoins.

Cette uniformité de vues m'a permis de traiter l'institution consulaire en général ; de ne m'occuper d'aucune nation en particulier, et cependant d'espérer d'être également utile à toutes. S'il existe quelques variétés dans les fonctions des Consuls, elles sont peu nombreuses , et fondées sans doute sur des instructions particulières.

Si j'osais attacher une importance littéraire à cet ouvrage , j'insisterais sur ce que j'ai écrit dans une langue qui n'est pas celle du pays où je vis, ni celle du pays qui m'a vu naître, et je solliciterais de mes lecteurs une indulgence que je craindrais de ne pas obtenir. La sécheresse de la matière que je traite me met heureusement à l'abri des prétentions : si l'on trouve la clarté et l'exactitude réunies à l'utilité , j'aurai rempli mon but, et surpassé mes espérances.

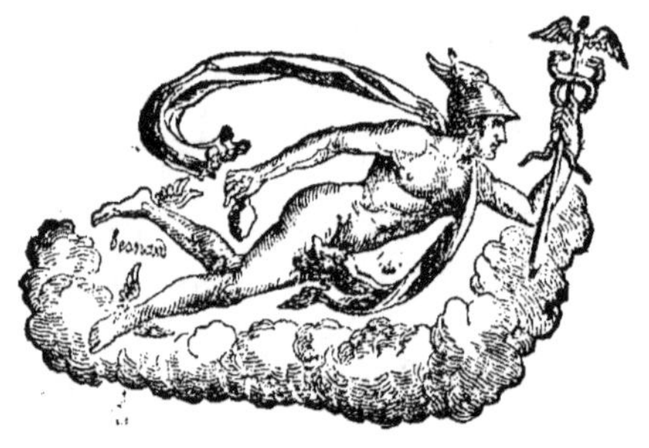

DE L'ORIGINE

ET DES FONCTIONS

DES

CONSULS.

CHAPITRE PREMIER.

Etymologie du mot Consul: *de ses diverses applications.*

LE nom de *Consul* dérive de l'ancien verbe *consulere*, qui signifie souvent *conseiller*, et *consulere* vient de *Consus, le Dieu des conseils*, dont les Romains découvrirent l'autel, la quatrième année de la fondation de Rome. Cet autel était habituellement placé sous terre dans un des cirques, d'où ceux-ci étaient quelquefois appelés *Consualia*.

Selon Quintilien, *Consulere* signifiait aussi juger (1); et en effet, avant la création des préteurs,

______

(1) Inst. Orat. L. 1. chap. 27.

les *Consuls* étaient les chefs de la justice; et juger des causes, était pour eux un droit ou un devoir. Tite-Live (1), et le jurisconsulte Pomponius (2) veulent que le titre de *Consul* leur ait été affecté, parce qu'ils étaient chargés des intérêts de la République.

Même après sa destruction, les Empereurs romains conservèrent le consulat, soit pour eux ou pour leurs amis, jusqu'à Justinien qui l'abolit tout-à-fait en 541. Les Empereurs d'Orient continuèrent à s'intituler *Consuls perpétuels;* mais ce titre ayant été adopté par les Empereurs français, par ceux d'Italie et par les Sarrazins en Espagne, ils l'abandonnèrent comme une dignité avilie par le concours de tant de titulaires.

Dans le moyen âge, *Consul* s'est dit aussi pour Comte, et Proconsul ou Vice-consul, pour Vicomte; et dans la suite, pour les principaux officiers municipaux d'un bourg ou d'une petite ville.

La constitution de l'an 8 de la République française appela *Consuls* les trois Magistrats auxquels fut confié le pouvoir exécutif. Mais les attributions des second et troisième *Consuls* étaient moindres que celles du premier. Cette dénomination a été éteinte par le Sénatus consulte du 28 floréal an 12; (18 mai 1804).

____

(1) L. II. chap. 55.
(2) Leg. 23, § 6 de Orig. judic.

Nous observerons que dès l'établissement de cet ordre de choses en France, les *Consuls* de commerce qui font l'objet de cet ouvrage, furent obligés de quitter ce titre pour prendre celui de commissaires des relations commerciales.

On donne aussi le nom de *Consul* à des négocians et marchands choisis pour faire les fonctions de juges dans une jurisdiction consulaire, et y connaître de toutes les contestations entre marchands pour les affaires du commerce.

Cet usage de faire juger les contestations de négoce par des personnes adonnées au commerce est fort ancien.

A Rome les négocians formaient un collége dont l'érection fut confirmée par les Consuls Appius, Claudius et P. Servilius (1).

Les marchands de Cadix avaient aussi obtenu de l'Empereur Claude une espèce de magistrat de leur

---

(1) Ce fut vers l'an 259 de Rome, que fut établi le collége des marchands, appelés mercuriales. Ce collége fut nommé ainsi, parce que les marchands se rassemblaient dans le voisinage du temple de Mercure, et que les Romains regardaient ce dieu comme le protecteur du commerce. On oublia dès lors les lois de Romulus qui le défendait, et on l'encouragea par tous les moyens possibles. En conséquence la statue de Mercure fut placée dans les marchés et autres endroits publics, afin que ce dieu présidât à toutes les transactions commerciales; et César, qui sentait toute l'importance du commerce, ne crut pas mieux prouver l'intérêt qu'il y prenait, qu'en

profession, qui les défendait des vexations des autres magistrats civils, et les exemptait de la jurisdiction des tribunaux établis par César dans la Bétique.

Le premier consulat ou tribunal particulier de commerce dont il soit fait mention dans l'histoire du moyen âge, est celui que Roger Ier, Roi de Sicile, permit à la ville de Messine d'établir l'an 1128. Il lui accorda la faculté d'élire deux Consuls choisis entre les capitaines de vaisseaux et les négocians expérimentés dans les affaires maritimes. Il autorisa ces deux Consuls à faire des réglemens sur les us et coutumes de mer, et sur le mode de régir le consulat (1). Le second consulat fut institué à Gênes en 1250 (2).

On adjoignit aux deux Consuls qui jugaient les causes étrangères, quatre citoyens en qualité de conseillers auxquels on donna le titre de Consuls de la mer, parce que les affaires maritimes étaient de leur ressort.

Venise un peu plus tard, eut aussi un tribunal de

---

conservant soigneusement chez lui la statue du Dieu sous les auspices duquel il se faisait. Huet observe que lors de la première institution de ce collège, il se rapportait au commerce intérieur de Rome, et qu'ensuite il s'étendit au dehors.

(1) Baluzio, brev. hist. Liberat. Missanæ. Tom. VI. pag. 174 Miscellanorum.

(2) Foglietta, Ann. Gen. lib. 5. p. 90.

commerce qui éprouva plusieurs changemens jusqu'au 14e. siècle, comme on peut le voir dans Sandi (1).

Pierre III, Roi d'Arragon, créa le consulat de Valence en 1283. Pierre IV établit en 1343 celui de Majorque; en 1347, celui de Barcelone, et Don Juan I, son successeur, en érigea un autre à Perpignan en 1388.

On comptait plusieurs autres établissemens de cette nature, quoique sous des dénominations différentes, à Gérone, St.-Félix, Guixoles, Tortose et Tarragone.

Les avantages résultants de ces jurisdictions furent appréciés par le Prieur et les Consuls de Burgos, vers la fin du 15e siècle; ce fut à leurs sollicitations que les Rois de Castille accordèrent le privilége du tribunal consulaire, en joignant à ses attributions la jurisdiction civile.

Marseille eut ses Consuls par le premier réglement de René, Roi de Sicile, en 1472. Bilbao, le 4 de mai 1514, par privilége de la reine Jeanne, et Seville en 1543, par l'empereur D. Carlos. Dans les autres pays de l'Europe, les tribunaux de commerce comptent des époques moins reculées; l'Angleterre n'en avait point encore à la fin du quinzième siècle.

---

(1) Isr. civil. veneziana. tom. II. part. I. lib. 4. p. 787.

C'est à un événement singulier que la France doit ces sortes de Tribunaux. Charles IX, étant un jour entré, dans ce qu'on appelait alors la lanterne de la grande chambre du Parlement de Paris, fut si sensiblement touché d'entendre prononcer, et mettre hors de cour et de procès deux marchands qui avaient plaidé plus de 10 à 12 ans, après avoir parcouru tous les degrés possibles, qu'en conséquence voulant remédier à un pareil abus, il institua, en Novembre 1563, un tribunal consulaire ; et depuis, on en créa dans les principales villes de France, qui étaient tenus de rendre la justice gratuitement. Au surplus il est à remarquer que ces institutions eurent pour principe celles des gardes des foires de Brie en Champagne, et la conservation des priviléges et foires de Lyon, qui existaient bien longtemps avant cette époque.

L'édit de création et d'établissement de la justice consulaire à Paris, fut déclaré commun pour tous les siéges des juges et Consuls du royaume, par l'ordonnance pour le commerce du mois de mai 1678 : cette forme a été conservée jusqu'en 1790.

Pour la manière de procéder par devers les juges et Consuls, il faut consulter l'ordonnance de 1667, sur la procédure civile. En Allemagne, les villes commerçantes ont aussi leurs juges et Consuls, et leurs jurisdictions consulaires pour les contestations, concernant le commerce. Leipsick et

Vienne ont leurs Consuls, qui connaissent des différens sur le fait des billets et des lettres de change.

Enfin, on a donné le nom de Consuls à des commissaires délégués dans les pays étrangers et accrédités en cette qualité, pour conseiller leurs compatriotes marchands, protéger, au nom du gouvernement qui les envoye, leurs biens et leurs personnes, et veiller à l'intérêt général du commerce de leur pays. Sous ce point de vue, leurs fonctions sont d'accord avec l'étymologie. C'est de ceux-là que nous traitons dans cet ouvrage.

On nous pardonnera, sans doute, la digression que nous nous sommes permise sur les tribunaux de commerce, car il n'est pas inutile de prouver par les faits, qu'une nécessité impérieuse entraîne à la suite du commerce, des tribunaux spéciaux ; que la forme de procéder, et l'état des juges sont commandés par la nature des choses, et qu'enfin prétendre au commerce sans jurisdiction consu-laire, c'est vouloir le but, et se refuser aux moyens.

CHAPITRE II.

Origine des Consuls dans les pays étrangers.

NOUS avons vu naître la jurisdiction consulaire des besoins mêmes du commerce, et le nombre des tribunaux suivre ses accroissemens ; mais dans tous ces arrangemens il n'est encore question que de la police intérieure de chaque nation en particulier considérée isolément, et sans égard aux rapports qui les lient les unes aux autres.

Si le commerce est par essence indocile au joug de la jurisdiction civile de son propre pays, combien à plus forte raison ne doit-il pas l'être de toute jurisdiction étrangère ? C'était donc encore une conséquence nécessaire de l'entretien du commerce, que chaque négociant retrouvat au dehors, ses lois, ses usages, et ses tribunaux. Ce besoin est de tous les pays ; il a été de tous les temps, comme nous allons le voir.

Plusieurs nations anciennes accordaient aux négocians étrangers qui trafiquaient avec elles, des juges particuliers. A Rome, il y avait un Préteur des étrangers *(Prætor Peregrinus)*, dont les fonctions étaient de rendre la justice aux étrangers, et s'il ne jouissait pas ainsi que le *Prætor Urbanus*, du droit de publier des édits, on ne peut guères révoquer en doute, qu'il n'en ait proposé spécialement sur les matières de commerce. Les procès des négocians étrangers se jugeaient *(extra ordinem)* hors de rang, et avec une extrême célérité (1).

Cette ressemblance entre nos Consuls et le Préteur des étrangers, établi dans la république de Rome, a donné lieu à la comparaison que plusieurs savans ont faite entre eux. Ils conviennent effectivement, qu'ils étaient chargés de juger les différens des étrangers ; mais ils diffèrent essentiellement en ce que le Préteur des étrangers à Rome était choisi dans l'ordre des sénateurs, des chevaliers, ou des citoyens Romains, et que c'était la république qui le constituait.

Le tribunal spécialement institué pour juger les procès des étrangers, subsista même après la chûte de l'Empire d'Occident, en bien des endroits, et dans un temps où l'on croirait que le commerce ne fixait aucunement l'attention des gouvernemens. Les lois des Visigoths en fournissent une preuve sans replique. On y lit, lib. XI. tit. 3. § 2. *Dum*

––––––––––––––

(1) Sénèque. Epist. 106,

transmarini negociatores inter se causam habue-
rent, nullus de Sedibus nostris eos audire præsu-
mat, nisi tantum modo suis legibus audiantur
apud telonarios suos. Les *Telonarii*, dont il est
parlé ici, ne sont autre chose que les juges des négocians étrangers, qui pour lors ne s'appelaient
encore nulle part Consuls ; mais auxquels on donnait différentes dénominations, savoir celles de
Bajuli, de *Præpositi*, de *Seneschalli*, de *Priores
Mercatuum*, de *Seniores* (1).

Ces mêmes juges chez les Visigoths se nom-
maient donc *Telonarii*. Chez les Français, le *Te-
lonarius mercati Palatii*, était au nombre des
charges du palais des rois. Ce grand officier était
non-seulement à la tête de tous les receveurs des
douanes du royaume, mais toutes les affaires du
commerce étaient de sa compétence.

Comme sous la domination des Visigoths en
Espagne, on laissa aux négocians étrangers la liberté de suivre leurs usages, et d'avoir des juges
particuliers, on peut conjecturer que ce fut ainsi
que s'étendit l'autorité des coutumes, qui, sous le
nom de *Consulat de la mer* avait pris naissance à
Pise, au plus tard dans le dixième siècle et qui reçut
la sanction de Grégoire VII en 1075 ; d'où pro-

---

(1) Joan Marquadus, de Jure Mercator, l. 3. c. 6. n. 17
et 33.

bablement est dérivée l'institution des Consuls dans les pays étrangers.

De Steck (1) dit que la vraie origine des Consuls doit être cherchée dans les croisades ; et qu'il faut regarder cette institution, comme un des effets les plus utiles que ces expéditions, quelques extravagantes et insensées qu'elles fussent, produisirent sur l'état du commerce de l'Europe.

L'histoire nous apprend que ce furent les villes maritimes de l'Italie, qui en recueillirent tout le fruit, car si le commerce n'était qu'accidentel pour les chefs belliqueux des croisades, ce fut au moins l'objet principal de ceux dont il se servaient dans leurs opérations.

Quelques nombreuses que fussent les armées qui avaient arboré la croix, et quelque entreprenant que fut le zèle qui les animait, les croisés ne seraient jamais venus à bout de leurs projets, ne se seraient jamais rendus jusqu'au lieu de la guerre, s'ils ne se fussent assuré l'assistance des États d'Italie. Aucune autre puissance de l'Europe ne pouvait leur procurer un nombre suffisant de vaisseaux de transport, pour conduire les armées sur les côtes de la Dalmatie, d'où elles s'avançaient vers Constantinople, lieu du rendez-vous général.

____

(1) Obs. Subs. X. de consulum in Emporiis Asiæ minoris origine.

Dans toutes les expéditions suivantes, les flottes des Génois, des Pisans et des Vénitiens, naviguaient le long des côtes, à mesure que, les armées s'avançaient par terre, et les approvisionnaient par intervalle de ce qui pouvait leur manquer. C'était dans des vues purement mercantiles qu'ils fournissaient leurs secours et leurs provisions.

Si à la prise d'une place, ils trouvaient leur intérêt à s'y établir, ils obtenaient des chefs des croisés, toutes sortes de priviléges avantageux ; la liberté du commerce, la diminution ou l'exemption même des droits, sur l'entrée et la sortie des marchandises ; des fauxbourgs entiers dans certaines villes, et dans d'autres de longues rues en leur possession ; le privilége pour ceux qui résidaient dans leur enceinte, ou qui commerçaient sous leur protection, d'être jugés suivant leurs lois, et par des juges de leur propre choix.

Nous avons encore les chartes par lesquelles ces concessions ont été faites ; elles contiennent et fournissent les preuves de cette permission accordée aux nations italiennes qui faisaient le commerce dans les états du Levant (1).

Les Pisans furent les premiers peuples de la méditerranée, que la navigation mit au rang des

____

(1) Muratori Antiquitatem Ital. medii ævi. tom. 11. p. 907. 912.

grandes puissances. Dès la fin du dixième siècle , au moins , ils étaient déjà riches , puissans et re- doutés. C'est d'eux que nous vient le code mari- time , connu sous le nom de *Consulat de la mer* ; qui obtint , comme raison écrite, les hommages et l'assentiment de tous les peuples adonnés à la navigation. Sans nous écarter de l'objet particulier qui nous occupe , nous observerons que ce sont les Pisans qui nous fournissent les plus anciens titres où il soit question des Consuls maritimes , dans le sens que nous leur donnons aujourd'hui. Vers l'année 1100 , les Pisans firent un traité de paix avec l'Empereur Alexis , dont les principales conditions étaient : que les navires pisans ne re- cevraient jamais aucune insulte dans toute l'étendue de l'empire d'Orient ; que tous les marchands pisans auraient une bourse , un quartier , un ma- gasin , et une église pour leur nation ; et qu'ils pourraient créer un Consul qui déciderait de tous les différens qui s'éleveraient entr'eux, etc. (1).

Ces priviléges furent confirmés aux Pisans par l'Empereur Frédéric I en 1161 , par Othon IV en 1209 , et par Frédéric II en 1220.

L'influence que les Génois acquirent dans l'Em- pire grec, et les grands priviléges qu'ils y obtinrent, faisaient éprouver au Vénitiens des désavantages si

______

(1) Codin *Curopalata de Mensa Imperatoris* , cap. 7. n. 9.

marqués dans leur commerce , qu'ils s'occupèrent de multiplier leurs rapports avec Alexandrie , et laissèrent les Génois en possession des avantages qu'ils retiraient de leurs établissemens à Constantinople. Mais comme les chrétiens de ce siècle se croyaient souillés par des liaisons aussi marquées avec les Musulmans , le Sénat de Venise , pour faire cesser ce scrupule , eut recours à l'autorité du Pape , à qui l'on reconnoissait la puissance de dispenser des obligations les plus sacrées en matière de religion ; il en obtint la permission d'équiper, tous les ans , un nombre de vaisseaux pour les ports de l'Egypte et de la Syrie. Munie de cette autorisation, la république conclut un traité de commerce avec les Soudans d'Egypte sur des bases équitables. Elle nomma un *Consul* (1) pour résider à *Alexandrie* et un autre à *Damas* , revêtus d'un caractère public, et qui devaient exercer une jurisdiction commerciale sous l'autorité du Soudan. Des marchans vénitiens s'établirent dans ces deux villes à la faveur de cette protection. Les vieux préjugés, les vielles antipathies furent oubliés , et de la réunion de leurs intérêts, résulta un commerce franc et ouvert , entre les chrétiens et les mahométans.

Tandis que les Vénitiens et les Génois se traversaient mutuellement dans leurs entreprises de

______

(1) Pierre Justiniani.

commerce, la république de Florence s'y livra avec
tant d'intelligence et de succès, que l'état devint
puissant et les citoyens opulens. Mais comme
les Florentins n'avaient encore aucun port de
mer commode, leur commerce était circonscrit
aux manufactures, dont ils envoyaient le produit
en différens endroits de l'Europe ; ce qui les con-
duisit naturellement à une autre branche de commerce, la banque. Mais dès que la république,
par la conquête de Pise, se fut ouvert une com-
munication avec la mer, *Côme de Médicis*, qui
avait la principale direction des affaires, s'efforça
de donner à son pays une part dans ce commerce
lucratif, qui avait élevé Gênes et Venise si fort
au-dessus des autres états d'Italie. En conséquence
on envoya des ambassadeurs à Alexandrie, pour
obtenir du Soudan que ce port et les autres ports de
sa domination fussent ouverts aux sujets de la république, et que ceux-ci fussent admis à la participation des droits commerciaux dont jouissaient les
Vénitiens. La négociation fut suivie d'un tel succès
que les Florentins paraissent même avoir eu part
au commerce de l'Inde ; car peu de temps après
cette époque, l'on trouve les épices au nombre des
marchandises importées par les Florentins en Angleterre.

Leibnitz, dans son abrégé du droits des nations,
rapporte les instructions que la république de Flo-

rence donna aux ambassadeurs qu'elle envoya **au** Soudan d'Egypte pour négocier ce traité avec lui. Le grand objet des Florentins était d'obtenir la liberté du commerce dans toute l'étendue des états du Soudan , sur le même pied que les Vénitiens. Les principaux priviléges qu'ils sollicitèrent étaient: 1°. La libre entrée dans tous les ports du Soudan ; protection pendant leur séjour, et liberté d'en sortir quand ils voudraient. 2°. La permission d'avoir **un** Consul revêtu des mêmes droits et de la même jurisdiction que ceux des Vénitiens ; la liberté de faire bâtir une église , d'avoir un magistrat et des bains dans tous les lieux de leurs établissemens. 3°. Qu"ils ne payeraient point sur les objets d'importation ou d'exportation des droits plus forts que ceux que payaient les Vénitiens. 4°. Que les effets de tout Florentin, qui mourrait dans les Etats du Soudan , seraient remis entre les mains du Consul. 5°. Que la monnaie d'or et d'argent de Florence serait reçue en payement. Tous ces priviléges accordés aux Florentins , font connaître avec quelle générosité et réciprocité d'égards , les chrétiens et les mahométans d'alors traitaient ensemble.

Le même auteur cite encore un traité conclu l'an de l'Hégire 628 , qui répond à l'an 1230 de l'ère chrétienne , entre Frédéric II , Empereur et Roi de Sicile , et Abbuisac , Prince sarrazin d'Afrique. Par ce traité le Prince africain stipule :

Ut non habeant christiani in insulá Corsicá juris-dictionem super ullum Mahometanum, præter præfectum mahometanum, missum a rege Sici-liæ, nomine suo, ad regendos tantummodò po-pulos unitatis, et sit occupatus in negotiis populi unitatis, quem Deus honorificet.

On convînt donc par ce traité : 1°. Qu'il y aurait un Consul ou Préfet mahométan, établi pour rendre la justice aux Mahométans qui trafiqueraient dans l'île de Corse ; 2°. Que ce Consul serait établi par l'Empereur Frédéric II, comme Roi de Sicile, et rendrait la justice en son nom ; enfin, que cette commission ne serait point donnée à d'autres qu'à un Mahométan, comme pouvant seul bien con-naître la jurisprudence de ceux qui professaient cette religion.

La ville de Marseille, qui brille d'un si grand éclat dans les fastes du commerce, avoit aussi, même avant cette époque, des Consuls dans les pays étrangers, car on trouve dans un traité, conclu entre elle et Thomas, comte de Savoie, le 8 Novembre 1226, que ce Prince reconnut que les Consuls de cette ville avaient et devaient exercer dans ses états, une jurisdiction sur leurs nationaux.

Cette institution de Consuls a dû être adoptée par la république de Gênes, dans des temps encore plus reculés, puisqu'en 1259, Mainfroy de Savoie confirma par un diplôme, les exemptions et priviléges de jurisdiction civile et criminelle accordée aux Consuls de Gênes par les Princes normands ; et le roi Frédéric les renouvela en 1289.

Barcelone dont la puissance , les richesses , et la navigation rivalisèrent de bonne heure avec celles des villes les plus florissantes de l'Europe , adopta tout de suite l'institution des Consuls de commerce. Un érudit espagnol , *D. Antonio de Capmany* , a savamment traité cette matière. Son ouvrage, rempli de recherches curieuses , n'intéresse guères que cette ville (1) ; mais il nous fournira des renseignemens précieux et positifs que nous trouverions difficilement ailleurs.

Barcelone étendait ses relations commerciales d'un côté sur tous les points de la méditerranée , qui , dans le moyen âge , était le plus riche domaine de la navigation et du commerce ; et de l'autre, elle trafiquait avec l'Angleterre et la Flandre le point le plus occidental des établissemens de la célèbre ligue hanséatique ; en sorte qu'on peut dire que le commerce du monde connu alors , du nord au midi , n'avait pas de canal plus régulier que celui que fournissaient les moyens réunis de la Hanse et de Barcelone.

---

(1) Memorias historicas sobre la marina , comercio , y artes de la antigua ciudad de Barcelona.

Il est probable que les Consuls de commerce de cette ville ne le cèdent en antiquité qu'à ceux de Pise et de Gênes. On les trouve établis par des ordonnances dès l'année 1258 ; mais cette institution a eu à Barcelone des caractères qui lui sont particuliers.

Le plus singulier et le plus important consistait dans le droit accordé aux magistrats municipaux d'élire, de leur propre autorité, les Consuls qu'ils jugeraient utiles pour la protection des factories et des vaisseaux dans toutes les places où les relations commerciales les rendaient nécessaires. Cette prérogative exercée par le magistrat de Barcelone pendant plus de quatre siècles, tirait son origine d'un diplôme de Jacques 1er., Roi d'Arragon, de l'année 1266, confirmé en 1268 (1).

Ces employés avaient l'autorité de gouverner, sommer, châtier et juger, non-seulement les Catalans, mais aussi les autres vassaux du Roi qui naviguaient dans ces parages où qui y résidaient.

Le commerce de Barcelone était sans doute immense, à en juger par les 55 Consuls d'outre-mer à résidence fixe, qu'elle a eu vers le 15ème siècle, époque où l'Amérique n'existait pas pour

____

(1) *Voyez* l'appendice, N°. 1 et 2.

nous, et où l'Asie et le Nord de l'Europe étaient à peine connus (1).

La manière de procéder de la fameuse Ligue Hanséatique, dont l'origine remonte vers le 12e siècle, la dispensa d'avoir des Consuls proprement dits, parce que les fonctions de ces places étaient remplies et au-delà par des *Aldermans*, qui présidaient les divers établissemens communs aux villes de la Ligue ; en effet, ces magistrats n'étaient pas seulement chargés de maintenir l'ordre dans le comptoir ou la factorie, de faire exécuter les statuts, mais encore de veiller à la conservation des priviléges de la Ligue, de les défendre avec vigueur contre les autorités du pays, et contre les empiètemens, même seulement présumés des Rois et de leurs ministres (2).

L'Angleterre, dont la navigation et le commerce avaient fait peu de progrès jusqu'au 14e siècle, ne tarda pas, dès qu'elle apprit à mieux connaître ses intérêts, à sentir la nécessité d'avoir des Consuls dans les pays étrangers.

On trouve les premières traces de cette institution dans une charte de Henry IV, donnée à Westminster, le 6 de Juin 1404, par laquelle il ac-

---

(1) La France avait en 1800, 23 Consuls généraux, 46 Consuls, 44 Vice-Consuls, 35 Chanceliers, Drogmans, etc.
(2) Mallet, de la Ligue Hanséatique, p. 247.

corde aux marchands anglais , établis dans les ports hanséatiques , la faculté de choisir , parmi les plus expérimentés d'entr'eux , un certain nombre d'individus , qui seraient nommés *Gubernatores Mercatorum*, et qui, au nom du Roi, exerceraient une autorité judiciaire sur leurs compatriotes. Une semblable ordonnance , fut accordée en 1406 aux Anglais , commerçans dans les Pays-Bas , et en 1408 , à ceux , établis en Norvège , en Suède , et en Danemarck.

Richard III, constitua en 1485, Laurent Strozzi, Consul britannique , en Italie , et principalement dans la ville de Pise et dans les pays adjacens. Il est dit dans les lettres patentes (1).

Volentes mercatorum Italiam frequentatium quieti et utilitate quantum possumus providere , ac per experimenta aliarum nationum pro certo scientes , oportere inter eos aliquem magistratum peculiarem erigi et creari , cujus judicio et definitioni lites et contentiones , quæ inter ipsos subditos nostros, mercatores seu alios , dum in illis partibus moram traxerint , suboriri contingerit submitti debeant — — Ipsum Laurentium Strozzi præficimus , constituimus , et ordinamus Consulem et Præsidentem superfactis omnium et singulorum subditorum nostrorum ad dictum civitatem

---

(1) Thom. Rymer. Fœd. et Act. R. Angl. tom. 5. p. 164.

partesque illic adjacentes confluentium. Damus et concedimus dicto Laurentio Strozzi facultatem et potestatem, causas, quæstiones et controversias, atque lites, quas inter ipsos subditos nostros in partibus istis moveri contigerit, audiendi, discutiendi, terminandi et diffiniendi summarie et de plano, sine strepitu et figura judicii, etc.

C'est à en croire Mr. Anderson, le premier Consul anglais, établi dans les pays étrangers (1). Henry VIII créa, en 1522, un négociant de l'île de Candie, nommé Censio de Menesava Luqués, maître, gouverneur, protecteur, consul des marchands anglais, trafiquants dans l'île de Candie, et en 1531, il conféra le consulat de l'île de Scio, à Bénoît Justiniani, négociant Génois. Depuis, il y eut des Consuls nommés et constitués dans toutes les contrées où les Anglais faisaient le commerce.

Dans l'origine de ces établissemens par les Français, qui ne remonte pas au 15e siècle, ces fonctions étaient confiées à des individus du choix des armateurs et des capitaines de vaisseaux, qui avaient aussi le droit de les destituer. Ils furent ensuite élus par les chambres de commerce ; mais ces emplois étant devenus précaires et dépendans des caprices de quelques négocians cupides ; les Consuls,

____

(1) Anderson, an historical and chronological deduction of the origin of commerce, etc. vol. 1, p. 301.

pour se perpétuer, se mirent sous la protection immédiate du Roi, qui leur fit délivrer des commissions par le département de la marine. Enfin, sous Louis XIV, le grand Colbert ayant fixé les droits, prérogatives et devoirs des Consuls, augmenta le nombre de ces agens, et en fit des officiers directement dépendans, et du choix du gouvernement.

Il était naturel qu'une institution si conforme à l'esprit du commerce, si avantageuse aux négocians qui trafiquaient hors de leur pays, fut généralement adoptée ; aussi toutes les nations commerçantes de l'Europe ont établi, les unes chez les autres, une semblable jurisdiction avec plus ou moins de prérogatives. Son utilité n'échappa pas à la pénétration de Pierre-le-Grand, qui enfanta à la fois autant, et de si vastes projets de commerce (1).

Il établit des Consuls dans les principales villes commerçantes de l'Europe, pour être informé du commerce des pays étrangers, et appliquer ensuite au sien le fruit de ces instructions. Le pre-

---

(1) Il méditait en même temps celui des Indes par la Tartarie indépendante et la Sibérie ; celui de la Perse par la mer caspienne ; celui de la mer noire, et celui de la Baltique.

Il y joignit encore des expéditions au Kamtschatka qui tendaient au même but.

mier de ces Consuls fut placé à Amsterdam , et le second à Bordeaux.

Le Prince Serge Démetriowitz Gallitzin était en Espagne , avec la qualité de ministre , et chargé de faire des propositions pour un traité de commerce ; il obtint l'agrément d'établir un Consul Russe , à Cadix. Mr. Jewreinoff (depuis Président du collége de commerce) s'y rendit en 1723 , muni d'une lettre de créance , et d'une instruction, rédigée par Pierre I. Ce précieux monument de la sollicitude d'un grand Prince pour le commerce, nous a paru assez intéressant pour nous déterminer à en joindre ici la traduction (1).

Concluons que l'institution des Consuls était connue de l'antiquité , qu'oubliée dans la barbarie qui suivit la décadence de l'Empire Romain , elle fut rétablie à la renaissance du commerce ; et que d'un commun accord , toutes les nations plus ou moins commerçantes de l'Europe , l'ont toujours regardée comme le moyen le plus efficace , de protéger leurs négocians dans les pays étrangers.

____

(1) *Voyez* l'appendice , N°. 3.

CHAPITRE III.

Des droits et des prérogatives des Consuls.

L'ORDRE chronologique suivi dans le chapitre précédent, sur l'origine et les diverses institutions de Consuls, a démontré que les Pisans, les Génois, les Barcelonais, les Marseillais et les Vénitiens furent les premiers qui les établirent.

Par tout ce que nous apprend l'histoire du moyen âge de ces peuples commerçans et navigateurs, sur les attributions de leurs Consuls, il résulte qu'elles étaient de la plus haute importance, et que les droits et prérogatives dont ils jouissaient sont, pour la plupart, oubliés aujourd'hui.

Dans les premiers siècles de la renaissance du commerce de la méditerranée, les nations européennes convinrent que, dans les grandes places de commerce, et surtout dans les ports de mer, ils établiraient réciproquement leurs nationaux réunis en corps dans des quartiers séparés et soumis à l'autorité de leurs Consuls qui les jugeraient suivant leurs lois particulières ; qu'ils feraient usage des poids, mesures et monnaies de leur pays, et jouiraient d'autres exemptions. Telle fut la règle générale de tous les royaumes et des républiques de la méditerranée dans les siècles du moyen âge. Le degré de civilisation où l'on était à cette époque, commandait de telles mesures ; sans elles les relations commerciales auraient été impraticables, et elles seules pouvaient animer et étendre le commerce et la navigation dans les pays étrangers ; car le commerce se faisait alors comme il se fait aujourd'hui à Smyrne, à Alep et au Caire, où les Francs, exposés à de fréquentes vexations, conservent encore à-peu-près les mêmes priviléges mentionnés ci-dessus. Ces précautions étaient encore nécessaires, parce qu'indépendamment de la rivalité qui existait entre les différens peuples, leur mauvaise foi leur inspirait une méfiance réciproque. En effet, les traités étaient peu respectés, et les alliances étaient sujettes à de fréquentes violations; soit parce qu'il n'y avait pas alors des ambassadeurs ordinaires qui les fissent observer, soit par ignorance ou mépris des droits des gens. En conséquence, les Consuls dans les pays étrangers, représentaient leurs nations respectives dont ils protégeaient et jugeaient les sujets. C'était alors les seules personnes qui jouissaient du droit des gens, car les ambassades étaient des événemens extraordinaires, rares et de peu de durée.

L'autorité dont les Consuls étaient revêtus et la

considération qui en dérivait, rendait ces emplois très-distingués ; aussi voit-on que, pendant les trois siècles qu'ils ont conservé leur splendeur primitive, les principaux consulats du Levant furent occupés par des personnes qui tenaient aux familles les plus illustres de Barcelone, tant de la noblesse que de la bourgeoisie (1). Quelques individus des premières maisons de Gênes et de Florence, n'ont pas dédaigné de solliciter et d'exercer ces charges au nom et sous l'autorité du magistrat de Barcelone. On cite entr'autres un *Côme de Médicis* qui fut Consul à Pise en 1422, et un *Doria* à Manfredonia en 1478.

Il est vrai que ces mêmes familles tenaient leur existence du commerce dans des républiques essentiellement commerçantes ; mais sans l'importance attachée à l'emploi de Consul, des hommes qui avaient sans doute une grande part au gouvernement de leur patrie, ne se seraient pas mis en

----

(1) L'Espagne paraît suivre encore le même système. Mr. le chevalier de Colombi, consul général en Russie, a été précédemment commissaire-ordonnateur des armées de Sa Majesté Catholique : il est actuellement intendant de province et chevalier pensionné de l'ordre de Charles III. — Issu en ligne directe de Christophe Colomb, il est difficile d'attacher aux fonctions du commerce un nom plus illustre dans ses annales.

quelque sorte sous les ordres d'une autorité muni-
cipale étrangère.

Il paraît que le même esprit commercial qui
animait toutes les classes des anciens habitans de
Barcelone, était partagé par les Génois et les
Vénitiens ; car leurs chroniques rapportent que les
grands consulats du Levant furent aussi très-sou-
vent remplis par des noms d'extraction sénatoriale
du premier rang, tels que Doria, Justiniani,
Loredani, Morosini, Dandolo et autres.

Au surplus, les emplois consulaires des Catalans
devaient être très-recherchés d'après le revenu
qu'ils produisaient. Leur commerce était sans doute
bien florissant et bien étendu, puisque ces places,
sans traitement fixe, s'étaient considérablement
multipliées. L'état ne payait pas les Consuls, et
leurs émolumens provenaient de divers droits
imposés sur les vaisseaux et les marchandises : ces
droits variaient selon les circonstances et les pays.
Il paraît que l'assignation primitive fut d'un denier
par livre, ou un peu plus d'un tiers pour cent ;
car la ville de Narbonne, ayant élu, en 1278, un
Consul à Pise, elle lui accorda ce droit, à l'exemple
des Catalans. A Constantinople et autres lieux de
l'Empire d'Orient, on était dans l'usage de percevoir deux pour cent, dont une moitié était
versée dans les caisses de l'Empereur, et l'autre
restait au profit des Consuls. Ceux d'Alexandrie

recevaient quatre deniers par livre , dont deux à titre de droits d'importation , et deux à celui d'exportation , ce qui répondait à un et deux tiers pour cent.

Il paraît aussi que vers la fin du 14e siècle , les Consuls, en Egypte, retiraient un pour cent sur la valeur des marchandises , à l'exception de l'or effectif , de l'argent et des lingots, qui ne payaient qu'un demi pour cent. Ces recettes n'étaient pas réglées de même en Sicile. Suivant les ordonnances de 1341 , pour le réglement du commerce avec cette île; tout marchand , facteur , capitaine ou matelot , après avoir manifesté au Consul sa cargaison ou pacotille , payait un grain et demi par once de la valeur des marchandises importées (1) ; mais si ces marchandises restaient invendues , et étaient réexportées , le droit était réduit à la moitié. Tout vaisseau payait cinq tarins (2) pour chaque relâche dans un port où il y avait un Consul , et chaque matelot un Carlin (3) ; mais si la pacotille du matelot excédait la valeur de sept onces (4) , c'était la marchandise qui payait , et non la personne,

---

(1) Un quart pour cent.
(2) Cinquante-trois Kopecks d'argent.
(3) Cinq Kopecks et un quart d'argent.
(4) Vingt-deux Roubles et dix-neuf Kopecks d'argent.

Les capitaines étaient exempts de taxe personnelle, cependant les pacotilles pour leur compte, ou par commission., étaient sujettes aux droits fixés pour la marchandise.

Le payement des droits devait avoir lieu trois jours avant le départ. Toutes les fois que les devoirs de sa charge obligaient un Consul de s'absenter pour les affaires d'un marchand ou d'un capitaine, les seuls frais de voyage étaient à la charge de l'intéressé ; mais si des intérêts majeurs de la nation l'appelaient à la cour du Roi de Sicile, ces frais étaient remboursés au *prorata*, par les marchands ou capitaines, qui se trouvaient dans l'arrondissement consulaire.

Les Consuls de Trapani étaient tenus à une redevance annuelle de 5 onces, affectées à la construction de la bourse et de l'hospice des étrangers (1).

A l'égard du consulat de Damas, un réglement de 1386, nous apprend que les marchandises et l'argent qui arrivaient à Baruth directement de Barcelone, payaient 30 deniers pour chaque 300 livres, suivant le manifeste, certifié par l'écrivain du navire ; mais si ces effets n'étaient pas déchargés, ils étaient francs de tous droits. Par contre, on devait s'en rapporter au manifeste, fait à Bar-

---

(1) Quinze Roubles et quatre-vingt-cinq Kopecks d'argent.

celone, pour établir la valeur des marchandises, lorsqu'elles se vendaient en Chipre, et que leur produit était converti en achats ou en échanges à Damas. Toutes les fois que le numéraire était importé de Chipre à ce marché, il payait un nouveau droit. Enfin, sur les importations de la Sicile, de Rhodes, de Chipre, de la Romagne, et de la Turquie, au port de Baruth, le Consul percevait 20 deniers sur 400 ducats de 15 sols.

Voilà toutes les notions que nous fournit l'histoire du moyen âge, sur les droits des Consuls, dans quelques échelles de commerce.

Quant au prérogatives, nous avons vu, dans le chapitre précédent, que Thomas, comte de Savoye, reconnut en 1226 que les Consuls de la ville de Marseille avaient, et devaient exercer dans ses états, une jurisdiction sur leurs nationaux; et qu'en 1259 Mainfroy de Savoye, confirma par un diplôme, les exemptions et priviléges de jurisdiction civile et criminelle, accordés aux Consuls de Gênes, par les princes Normands. Nous avons dit plus haut que cet usage était fondé sur un droit commun et immémorial. Les deux chartes qui sont transcrites à la fin de cet ouvrage, en font foi (1).

Par la première, qui date de l'an 1285, et qui

____

(1) *Voyez* l'appendice, N°. 4 et 5.

existe dans les archives municipales de Barcelone, Jacques Ier, Roi de Sicile, accorde aux Consuls catalans, le droit de jurisdiction sur leur nationaux ; ainsi qu'une autorité exclusive dans le sauvetage des navires de leur nation qui feraient naufrage sur les côtes de la Sicile.

On voit dans l'autre de Charles II, Roi de Jérusalem et de Chipre, de l'an 1299, conservée à Naples dans la chancellerie royale ; que les Consuls catalans jouissaient dans ses états d'une entière immunité pour leurs personnes, maisons, officiers et domestiques ; qu'ils avaient le droit de porter toutes sortes d'armes ; même celles défendues par les pragmatiques du royaume ; qu'ils étaient exempts de toute taxe, et juges naturels de leurs compatriotes.

Nous pourrions citer encore plusieurs autres autorités à l'appui de celles énoncées ci-dessus ; mais cette addition ne saurait rien ajouter à leur certitude ; ainsi l'intérêt que pourrait inspirer ces pièces justificatives deviendrait, non-seulement secondaire. mais même ennuyeux : nous reprendrons le fil du sujet interrompu par cette digression.

Cet ordre de choses resta à peu près sur le même pied chez les nations européennes, jusqu'au 16e siècle, qu'il commença à recevoir quelque atteinte, par l'institution permanente des ambassadeurs et des ministres dans les Cours étrangères. Il ne subsista presque dans toute sa force que dans le Levant comme il conste par plusieurs traités de commerce, et entre autres par ceux de 1604, entre Henri-le-Grand, Roi de France, et la Porte; de 1612, entre les Provinces-Unies et le même Empire; de 1675, entre l'Angleterre et la même puissance; de 1676, entre l'Angleterre et la régence de Tripoli; de 1682, entre la France et l'Empereur de Maroc; de 1684, entre ce dernier Prince et les Hollandais; de 1685 et 1689, entre Louis XIV d'une part, et les régences de Tripoli, de Tunis et d'Alger d'autre part; et en général tous les traités, faits depuis entre les mêmes puissances. En vertu de ces traités, les Consuls jouissent des prérogatives des ambassadeurs. Un diplôme du souverain du pays dans lequel ils résident, les considère comme ministres publics. Dans le Levant, un *Barat* du Grand-Seigneur les qualifie de *Baliosbey*, titre équivalent à celui d'ambassadeur, et qui leur en transmet les prérogatives.

Les consuls ont ordinairement pour garde d'honneur, un piquet de Janissaires, tirés de la garde du Grand-Seigneur, de celle du dey, du bey, ou du gouverneur. Cet usage, qui dans d'autres états ne serait qu'un témoignage de considération et de déférence pour le gouvernement que le Consul représente, est dans les états de l'Empire Ottoman, dans ceux de Maroc et dans toute la Barbarie , une mesure de sûreté commandée par la turbulente brutalité des Mahométans , d'un ramas de Maures et de renégats que le fanatisme y rend souvent insolens envers les chrétiens, quelque soit leur rang et leur caractère. Plus d'un exemple a justifié cette mesure repressive des abus que se permettent des brigands féroces qui , sous prétexte qu'on ne doit aucun égard à des *infidèles* , se sont souvent permis de maltraiter des ministres et des agens publics. Il est très-étonnant , et malheureusement très-vrai , que cette violation du droit des gens et de toute décence , est presque toujours restée impunie , soit qu'elle eut été autorisée par la faiblesse de ces fonctionnaires pas assez pénétrés de l'importance de leur caractère, soit par la timidité des chefs de ces peuples , incapables de réprimer la licence d'une soldatesque indisciplinée , dont ils sont le plus souvent obligés de tolérer les caprices.

La maison d'un Consul est inviolable : elle est un asile inaccessible aux lois du pays , en faveur des nationaux , des chrétiens étrangers , et même des Musulmans et des Maures qui s'y réfugient.

Dans les autres états de l'Europe , les Consuls jouissent de plus ou de moins de priviléges ; mais dans tous les pays ils ne sont pas de la même étendue. Les traités les modifient et les limitent différemment ; et en général , ils ne jouissent pas

du droit des gens , comme on pourra le voir dans
je précis des stipulations contenues dans les traités
de commerce concernant les Consuls , inséré à la
fin de l'ouvrage (1).

Cependant il paraît nécessaire que le Consul soit
indépendant de la justice criminelle du lieu où il
réside , en sorte qu'il ne puisse être molesté ou mis
en prison ; à moins que lui-même , par quelque
attentat énorme , ne viole le droit des gens ; car ,
quoique l'importance des fonctions consulaires ne
soit pas assez relevée pour procurer à la personne
du consul l'inviolabilité et l'indépendance absolue
dont jouissent les ministres publics ; néanmoins
comme le Consul est sous la protection particulière
du souverain qui l'emploie, et qu'il est chargé de ses
intérêts ; s'il tombe en faute , les égards dûs à son
maître exigent qu'il lui soit renvoyé pour être
puni. C'est ainsi qu'en agissent les états qui veulent
vivre en bonne intelligence. Si le Consul n'est pas
ministre public , cependant revêtu d'une commission de son souverain , et admis en cette qualité
par le gouvernement près lequel il réside , il doit
jouir, jusqu'à un certain point, de la prérogative du
droit des gens , accordée aux ministres accrédités.

Cette question a été agitée par les auteurs les
plus célèbres qui ont traité cette matière. Nous
allons faire connaître leurs opinions.

______

(1) Voyez l'appendice , n. 6.

Mr. de Vattel (1) dit : ,, Le Consul n'est pas ministre public, et il n'en peut prétendre les pré-rogatives. " Il avoue cependant, qu'étant chargé d'une commission de son souverain, et reçu en cette qualité par celui chez qui il réside, il doit jouir de la protection du droit des gens.

Le président Corn. van Bynkershoek partage la même opinion (2) ; il ne considère un Consul que comme un protecteur, quelquefois juge des mar-chands de sa nation ; on l'envoie, non pour représenter le Prince ou le Souverain auprès d'une puissance souveraine, mais pour protéger les sujets de son Souverain en ce qui regarde le négoce ; souvent aussi pour connaître et décider des diffé-rens qu'il pourrait y avoir entr'eux sur ces sortes d'affaires.

Wicquefort (3) prétend que les Consuls ne jouissent pas du droit des gens, et qu'ils sont sujets à la justice du lieu de leur résidence, tant pour le civil que pour le criminel ; mais les exemples sui-vans qu'il rapporte (4) contredisent son sentiment : ,, Un Consul de Hollande, ayant été insulté et arrêté

---

(1) Droit des gens, tome 1. l. 11. ch. 2. §. 14. p. 120.
(2) Traité du juge compétent, traduit par J. Barbeyrac, ch. 10. s. 5. p. 63.
(3) Traité de l'ambassadeur, liv. 1. sect. 5.
(4) Dito page 63.

„ par le gouverneur de Cadix , les États-Généraux
„ en firent plainte à la cour de Madrid , comme
„ d'une infraction aux droits des gens et en ob-
„ tinrent une réparation publique. "

„En 1684, la république de Venise menaça le Pape
„ Urbain IV , de lui déclarer la guerre , à cause de
„ la violence exercée sur son Consul à Ancône. Elle
„ obtint du Pape la destitution du gouverneur et la
„ réintégration du Consul dans son emploi (1). "

Monsieur de Callières (2) soutient également que
le caractère de ministre public n'appartient pas aux
Consuls, mais il convient qu'ils doivent être regardés comme tels dans les échelles du Levant.

Monsieur Bouchaud (3) en refusant aux Consuls
le caractère et le titre de ministres publics, avoue

---

(1) Le gouverneur d'Ancône persécutait ce Consul , qu'il
soupçonnait d'avoir donné des avis préjudiciables au commerce de cette ville. Il lui enleva ses meubles et ses papiers ;
ensuite il le fit ajourner , contumacer et bannir , sous prétexte que, dans un temps de contagion , ce Consul avait fait
décharger des marchandises contre les défenses. Il fit mettre
en prison le successeur de ce Consul. Le Sénat de Venise demanda réparation avec beaucoup de vivacité, et par l'entremise
des ministres de France, qui craignaient une rupture ouverte ,
le Pape contraignit le gouverneur d'Ancône à donner satisfaction à la république.

(2) Manière de traiter avec les Souverains , ch. 1. p. 51.

(3) Théorie des traités de commerce, ch. 6, s. 1. p. 149.

cependant qu'ils doivent participer à la protection du droit des gens.

Martens (1) qui a si savamment traité le droit des gens fondé sur les usages et les conventions des nations européennes, regarde ces disparités d'opinion comme une dispute de mots. Il ne méconnait pas le caractère public des Consuls ; et il est convaincu qu'il ne s'agit que du rang, du degré de dignité, du plus ou du moins d'immunités, de priviléges et d'honneurs dont les Consuls jouissent.

Mr. de Moser (2) reconnait que les Consuls sont revêtus d'un caractère public; il convient qu'ils sont Ministres publics, quoique d'un genre et d'un rang inférieur à ceux du premier et du second ordre.

Cette matière a été aussi traitée en dernier lieu par le conseil des Prises établi à Paris, à l'occasion d'une demande en prise à partie, qu'un Américain se proposait d'intenter contre un ex-agent français des relations commerciales à Gênes. Les raisons développées par Mr. Portalis, rédacteur du mémoire qui fut adressé au ministre de la justice, engagèrent le conseil des Prises à conclure : qu'un Consul est à la fois juge et agent politique, et que comme tel, il doit participer au droit des gens (3).

---

(1) Précis du droit des gens moderne , tome 1. l. 4. ch. 3. s. 117. p. 183—185.

(1) Versuch eines europ. Völkerrechts, t. 7. p. 818.

(3) Voyez l'apendice n. 7.

Ainsi quoiqu'il y ait différentes opinions sur le caractère des Consuls, la seule raisonnable est celle qui les fait participer au droit des gens; comment se pourrait-il en effet que les traités de commerce fissent jouir respectivement les commerçans de plusieurs priviléges qui ressortent du droit des gens, et qu'on refusât un traitement moins avantageux à ceux qui, comme les Consuls généraux, Consuls et Vice-Consuls, sont leurs chefs, leurs juges et leurs protecteurs ?

L'objet de leur mission est de favoriser le commerce, d'administrer la justice à leurs compatriotes, négocians et navigateurs : de les maintenir dans l'union et la règle, de les assujétir à l'exécution des ordonnances de leur souverain; de veiller à la conservation des priviléges; de solliciter l'observation des traités de commerce, et de faire en cas de besoin des représentations à ce sujet : or toutes ces fonctions sont si nobles et si utiles, qu'étant d'ailleurs munis d'un brevêt de leur souverain, et de l'*exequatur* du prince dans les états duquel ils résident, ce serait disputer sur les mots que de ne pas leur accorder la protection du droit des gens, comme aux ministres du troisième ordre. Quelles fonctions plus étendues peut-on attribuer à ces derniers ? Il semble donc qu'il ne doit y avoir de différence que par rapport au traitement honorifique, et si quelques auteurs ont paru d'un avis contraire, c'est en partant de la supposition que les Consuls n'étaient que des commerçans, ce qui, en effet, est souvent vrai et peut quelquefois déroger à leur caractère.

Si les prérogatives des Consuls n'ont pas été distinctement articulées dans les traités conclus en ces derniers temps, entre les souverains de l'Europe, c'est qu'elles y étaient trop connues pour avoir besoin d'explication ; mais ces mêmes princes ont eu soin de les détailler pour la plupart, lorsqu'ils ont fait des conventions avec les puissances moins éclairées ; témoins les traités avec la Porte et les Régences barbaresques.

D'ailleurs il est surprenant que ces diverses prérogatives ayent éprouvé des contradictions dans quelques Cours : la réciprocité leur servant de base, il ne peut en résulter de préjudice. Cette réciprocité et la loi des convenances doivent fixer l'étendue des droits qu'on peut accorder aux Consuls. Or il est certain que depuis que la civilisation et la police ont fait des progrès à peu près égaux dans tous les états chrétiens de l'Europe, il est devenu peut-être moins important de stipuler en faveur des Consuls des prérogatives dont ils n'avaient plus l'occasion de faire usage ; mais si on ne les leur accorde pas pour leur sûreté, il convient de les leur accorder pour leur moralité, car les hommes se respectent volontiers en raison de l'importance qu'on attache à leur personne.

CHAPITRE V.

Des qualités requises dans les Consuls.

Une des premières qualités d'un Consul, c'est de ne pas être sujet de l'état où il réside; car il n'aurait pas l'indépendance nécessaire pour exercer les fonctions de sa place, avec cette liberté qui convient à celui qui, chargé des affaires d'un Souverain, ne peut recevoir des ordres que de lui, et ne doit être comptable qu'envers lui de ses actions. Sans cette condition, l'admission d'un Consul dans un état est presque vaine et illusoire. D'ailleurs lorsqu'il est le sujet du Souverain qui l'emploie, il n'est pas assujéti aux taxes, dons gratuits, et autres charges générales imposées par le gouvernement près duquel il réside. Il est encore une considération plus importante qui exige que le Consul appartienne à la nation qu'il représente; c'est l'amour de la patrie, ce puissant mobile qui nous porte à favoriser nos compatriotes et à les assister avec un zèle que le simple devoir n'inspire pas ordinairement pour un étranger. Ce sentiment profondément enraciné dans le coeur de l'homme, se fait sentir avec plus de violence lorsqu'éloigné de sa patrie, on se trouve placé pour protéger ses concitoyens, et donner à son Souverain des renseignemens utiles que l'habitant du pays peut taire ou dénaturer, soit par orgueil national, soit par intérêt personnel.

Il est aussi bien évident que tandis que tous les liens sociaux attachent le Consul à la prospérité du pays qui l'a vu naître, il y tient encore par l'espoir des récompenses pour lui et pour sa famille; et enfin par la considération qui n'est complète que quand les témoignages nous en sont donnés par ceux avec qui nous sommes en une parfaite harmonie de sentimens, c'est-à-dire par nos compatriotes.

D'une autre côté, le Souverain est plus à son aise avec un de ses sujets qu'avec celui d'une autre puissance. Il recevra, si l'on veut, les mêmes renseignemens de celui-ci; mais il ne pourra pas, dans une occasion importante, le charger indistinctement de toutes sortes de missions; sa confiance sera gênée et toujours imparfaite; et cette réserve sera d'autant plus nécessaire qu'on attache de l'importance au service dont on se prive.

Ces motifs généraux ne sont cependant pas exempts d'exception. On a vu souvent des individus attachés à une nation par penchant, ou par de grands rapports avec elle, exercer le poste consulaire avec un zèle digne des plus grands éloges; mais cette exception ne nous paraît applicable et susceptible d'utilité, que lorsque ces mêmes individus, par leur état, leurs richesses, ou leurs talens, se trouvent placés au-dessus du besoin et de l'influence des autorités locales.

Le Consul ne doit pas faire le commerce, car ses fonctions se trouvent souvent incompatibles avec l'état de négociant. Assujéti alors aux lois du pays pour ses affaires particulières, non-seulement il ne doit pas prétendre à la jouissance du droit des gens, mais s'expose au danger de compromettre la dignité de son Souverain en cas de faillite ; et de tant d'autres événemens fâcheux que les chances du commerce entraînent à leur suite. On a beau se faire illusion par l'adage employé ordinairement que les fautes sont personnelles ; le déshonneur n'en rejaillit pas moins sur la nation que représente le Consul ; car le public, qui rarement approfondit les choses, que l'habitude guide dans ses jugemens, comme dans son langage, ne dit pas, un tel négociant, mais le Consul de telle nation se trouve dans une mauvaise affaire.

Il est d'autres raisons qui concourent également à éloigner le Consul de la carrière du commerce. Obligé par la nature de ses fonctions, de protéger, de favoriser les négocians et les marins de son pays, et de les aider de ses conseils, sur-tout dans les pays lointains, il faudrait lui supposer toujours des vertus plus fortes que son intérêt,

6*

pour qu'il ne fît pas tourner quelquefois à son avantage la confiance ou l'inexpérience des individus qui s'adresseraient à lui. Si le Consul s'occupe du commerce, n'est-il pas possible qu'il se trouve juge et partie ? Si son adversaire en appelle aux tribunaux nationaux, l'affaire traîne en longueur à cause de la distance, des formalités, du défaut de renseignemens, des égards, et de plusieurs autres raisons qui s'expliquent d'elles-mêmes. S'il s'adresse aux magistrats du pays ; de défenseur, le Consul devient accusé ou accusateur ; son caractère public et ses liaisons lui donnent ordinairement beaucoup de prépondérance, et le malheureux capitaine, facteur ou subrecargue, ignorant les lois et les usages du pays, est opprimé. Voilà l'histoire de ces sortes d'événemens ; mais quelqu'en soit le résultat, le caractère public du Consul en est ordinairement compromis. Ajoutons encore, qu'étant négociant, le Consul perd aux yeux des capitaines et des équipages de vaisseaux, beaucoup de cette considération si utile et si nécessaire pour faire exécuter les ordres du Souverain, dont il est l'organe ; car les liaisons d'affaires font naître la familiarité, et engagent quelquefois, par effet de convenance réciproque, à des choses déplacées.

Il n'inspire pas aux autorités locales du pays où il réside, le même respect que si son indépendance était complète, et qu'il ne fut pas obligé d'avoir recours à elles pour ses affaires particulières ; son influence est plus active lorsqu'elle est consacrée toute entière à un seul but ; le bien de ses compatriotes.

Un Consul étant le représentant de sa nation dans le lieu de sa résidence, doit avoir un âge mûr, capable de s'acquitter dignement des fonctions d'un poste de cette importance.

Il existe dans plusieurs pays, et notamment en France, une classe d'individus destinés à cet état, et qui en font une étude particulière. Cette organisation salutaire procure au gouvernement l'avantage de ne pas conférer les consulats à des hommes à qui cette partie étant absolument étrangère, ne peuvent, malgré beaucoup de zèle et de bonne volonté, remplir l'objet de leur mission.

Le Consul versé dans les affaires, et qui a une connaissance réfléchie des hommes et des choses, n'en sera que plus digne de sa place ; mais si ces talens lui sont étrangers, on ne peut pas s'attendre à en retirer de grands avantages. C'est par les Consuls instruits et bon citoyens, que l'État peut acquérir une connaissance exacte des causes du dépérissement de telle ou telle branche de commerce ; c'est par eux qu'il peut donner à son commerce extérieur une plus grande extension ; enfin, un Consul pénétré des devoirs de sa place, et capable de les remplir, peut rendre à son pays, sous beaucoup de rapports, des services importans, comme nous le développerons dans les chapitres suivans.

Indépendamment des connaissances qu'il doit posséder du droit public, maritime et commercial, il paraît sinon indispensable, au moins très-utile, que la langue du pays où il doit résider, lui soit familière.

Lorsque nous avons supposé à un homme les connaissances de son état, une bonne éducation, des intentions droites, du zèle, et un âge mûr, nous avons tracé la conduite qu'il tiendra dans les circonstances les plus difficiles, comme dans les plus ordinaires. Nous n'insisterons même pas sur la nécessité où il se trouve de faire respecter son caractère et sa nation ; il ne demandera pas mieux, et il ne sera que trop porté à pousser les choses à l'extrême ; car chaque profession a ses maladies morales, et les prétentions exagérées sont la plus incurable des infirmités des diplomates d'un ordre inférieur.

Les Consuls sont exempts des sollicitudes d'un ambassadeur et d'un ministre. Leurs fonctions sont à découvert ; suivre les progrès du commerce, protéger leurs compatriotes, faire exécuter des traités garantis par des avantages réciproques ; ces devoirs remplis, leur conduite est irréprochable. En général dans tous les états de l'Europe.

les affaires diplomatiques proprement dites , sont séparées des affaires du commerce , et traitées par un ministre particulier ; dans ces cas là , le Consul est aidé et protégé lui-même par son ambassadeur.

Mais il en est autrement dans les états barbaresques , où le Consul est ordinairement seul accrédité de sa nation ; le peu de relations établies avec ces états, qui eux-mêmes dédaignent d'en entretenir avec nous, fait que les occupations des Consuls ne sont pas beaucoup plus considérables ; mais leur importance personnelle est plus forte , leurs rapports avec les ministres du pays sont plus directs et plus fréquens. Ils sont présentés aux Souverains, ils remettent les présens , ils font ou renouvellent les traités ; et enfin , ils traitent dans des pays dont ils connaissent seuls les formes , bien différentes de ce qu'elles sont dans la chrétienneté. Leur position est plus délicate , et dans les crises assez fréquentes auxquelles ils sont exposés , ils ne peuvent prendre conseil que d'eux-mêmes et de leur propre expérience. L'orgueil européen serait ridicule et déplacé dans un pays où les mœurs sont si éloignées des nôtres. C'est donc à leur propre sagesse que les Consuls doivent recourir dans les cas difficiles , et cet instrument universel bien manié , leur procurera tous les succès auxquels ils peuvent prétendre.

CHAPITRE VI.

Du pouvoir du Consul : de ses devoirs et de ses fonctions.

En traçant la marche périodique de l'institution consulaire, de ses droits, et de ses prérogatives, nous avons fait connaître que depuis le 12e jusqu'au 16e siècle, on attachait une très-grande importance aux places de Consuls, et que les priviléges dont ils jouissaient, leur donnait beaucoup de relief. Leurs pouvoirs et leurs fonctions devaient aussi, par une conséquence naturelle, être beaucoup plus étendus qu'ils ne le sont aujourd'hui.

Nous ajouterons au commentaire de leurs attributions dans les siècles du moyen âge, quelques pièces justificatives que l'histoire nous a transmises. Ce sont 1°. deux instructions, données dans le 13e siècle, par le magistrat municipal de Barcelone à ses Consuls en Égypte et à Damas. 2°. Le réglement du Sénat de Lubeck pour la direction du commerce hanséatique de Nowogorod (1).

____

(1) Voyez l'apendice n. 8, 9 et 10.

Ces documens qui peignent les mœurs, l'esprit, et les coutumes du temps, nous paraissent d'autant plus précieux pour les annales du commerce et de la navigation, qu'ils sont des témoignages authentiques de la sollicitude de quelques anciens gouvernemens, pour ces deux sources de la prospérité des états.

Ces pièces suffisent pour avoir une idée complette de cette époque des consulats ; nous allons nous rapprocher des temps modernes, en commençant par les Consulats du Levant, où le pouvoir et les fonctions des Consuls sont beaucoup plus étendus que partout ailleurs (1).

Ils sont les seuls juges des négocians, des navigateurs et de tous les individus de leur nation qui séjournent dans l'étendue de leurs départemens. Si, par conséquent, il survient un différent, la connaissance et le jugement en appartient aux seuls Consuls.

Dans les procès qui s'élèvent entre leurs compatriotes et les sujets du pays, ou entre les com-

___

(1) Voyez dans l'appendice, sous le N°. 11, la célèbre ordonnance du Roi de France de 1781, concernant les Consulats, la résidence, le commerce et la navigation des Français dans les échelles du Levant et de la Barbarie. On peut la considérer comme le complément du système du grand Colbert.

merçans d'une autre nation , les juges du lieu ne peuvent , dans ce cas , procéder , sans la participation et l'intervention du Consul et la présence de son drogman.

Le Consul n'a pas le droit de protéger les sujets d'un autre prince au détriment de leur Consul naturel ; mais il ne peut, en cas de poursuite, leur fermer son palais , qui est pour les Turcs mêmes un asile inviolable.

Les Consuls peuvent accommoder les différends survenus entre les nationaux et leurs protégés et même les démêlés que ceux de leur nation ont avec les sujets d'un autre souverain ; il faut supposer ici que ces Consuls sont d'accord. Alors ils élisent un sur-arbitre : ils ne peuvent néanmoins forcer les parties à un accommodement, car ils ne sauraient leur ôter le droit que tout client a d'en appeler à ses véritables juges.

S'il se commet un meurtre ou quelqu'autre crime entre les individus de la nation , les Consuls en décident conformément aux ordonnances de leur pays , sans que la justice du lieu puisse s'en ingérer en aucune manière.

Ils peuvent arborer le pavillon de leur Souverain sur la maison qu'ils habitent.

Ils ont le libre exercice de leur culte dans l'intérieur de leur demeure.

Ils convoquent et président l'assemblée de leur

nation, toutes les fois qu'ils le jugent à propos pour le bien général et particulier ; mais ils n'ont pas voix délibérative.

En cas de mort d'un individu de la nation, le Consul appose le scellé sur ses meubles et effets ; il en fait dresser inventaire, et si le décédé est sans héritier sur les lieux ; ou qu'avant de mourir, il n'ait pas constitué un procureur pour recueillir lesdits effets ; il les conserve en dépôt dans la maison consulaire, jusqu'à ce que les parties intéressées, qu'il doit faire avertir aussitôt par l'entremise du ministère, en disposent.

Ils ont chacun dans leur département, l'inspection du commerce et de la navigation de leur nation respective.

Ils exercent la police sur les auberges nationales établies dans le lieu de leur résidence.

Les capitaines ou patrons de navires qui mouillent dans un port où il y a un Consul, sont tenus, en arrivant, de lui représenter leur commission ou passeport, de lui faire un rapport de leur voyage, et de prendre de lui, en remettant à la voile, une patente de santé, un certificat du jour de leur arrivée, de l'époque de leur départ, de l'état et la qualité de leurs chargemens.

Il a la police sur les navires marchands de sa nation dans les ports et rades de son département.

7*

Il peut , lorsqu'il le juge nécessaire , défendre aux équipages de descendre à terre,

Un capitaine ne peut punir un individu de son équipage , sans en avoir obtenu préalablement la permission du Consul.

Il a le droit de faire arrêter tout déserteur d'un bâtiment de sa nation , ou qui aurait commis quelque autre délit.

Il donne les ordres relatifs aux sauvetage des navires nationaux, qui ont le malheur de faire naufrage sur les côtes de son arrondissement.

Tout capitaine ou patron qui navigue dans les échelles du Levant , ne peut embarquer sur son bord aucunes personnes, soit nationales , soit étrangères , sans une permission du Consul.

Voilà à-peu-près en quoi consiste le pouvoir d'un Consul dans les échelles du Levant. On concevra bien que ce pouvoir, dépendant des instructions du gouvernement qui nomme cet officier , et des capitulations avec le gouvernement près duquel il réside , il peut y avoir quelque différence dans l'étendue ou les bornes de son autorité ; mais en comparant les stipulations contenues dans les traités des puissances européennes , avec la Porte et les Régences barbaresques, on trouve en général beaucoup de rapprochemens dans les dispositions énoncées ci-dessus, — Nous allons parler maintenant des fonctions du Consul dans les mêmes pays.

Une des obligations les plus grandes et les plus fortement articulées des Consuls en Turquie, est d'obéir aux ordres de leur ambassadeur à Constantinople, et de seconder de tout leur pouvoir les intentions de leur Souverain, de le faire respecter dans leur personne, et de protéger avec activité les nationaux et les étrangers qui leur seront recommandés.

Dès son arrivée à son poste, le Consul doit en prévenir, en personne ou par le ministère de son drogman, le Souverain du lieu où il doit résider, son ministre ou gouverneur qui le représente ; il lui remet, ou fait remettre ses lettres de créance. Après cette notification, il reçoit du Grand-Seigneur ou des différens beys et gouverneurs, un diplôme ou lettres-patentes qui l'admettent à l'exercice de ses fonctions, et lui accordent les mêmes droits et priviléges que ceux dont jouissent les ministres étrangers. Aussitôt le Consul fait notifier aux commerçans de sa nation, la commission de son gouvernement et les lettres-patentes de l'état près lequel il doit résider; il déploie son caractère public et s'installe dans l'exercice de ses fonctions.

Il doit faire une visite solennelle au ministre du Souverain, et en son absence au gouverneur de la ville. Il est accompagné dans ses visites d'étiquette, par sa garde, son chancelier, son drogman, et par le corps des négocians et marchands de sa nation.

A l'arrivée d'un pacha ou gouverneur , le Consul lui doit une visite d'étiquette. Si le lieu de la résidence du gouverneur n'est pas le même que celui qu'habite le Consul ; mais qu'il fasse partie de son département , il doit lui envoyer son drogman pour le féliciter au nom de sa nation. Il arrive quelquefois que le gouverneur , non content de ces complimens , exige la visite du Consul ; il lui indique le jour , et par politique autant que par égard , cet agent public ne peut se refuser à cette prétention.

Si un officier subalterne , soit *Digdaban* ou *Cadi* , fait son entrée dans une ville , il doit sa première visite aux Consuls qui le reçoivent entourés du corps de leurs nations respectives , et ils ne peuvent se dispenser de la lui rendre en forme.

A la naissance d'un enfant du Grand-Seigneur , les Consuls doivent se joindre aux démonstrations de la joie publique ; il en est de même pour un avénement au trône , pour un anniversaire , et enfin , pour célébrer des victoires , ou la paix.

Ils illuminent leurs palais , et les nationaux leurs maisons pendant trois nuits. Une des salles du palais consulaire , devient une espèce de café public , où l'on sert des rafraîchissemens et des liqueurs à tous ceux qui se présentent , quelle que soit leur nation , leur culte , et leur profession.

Les Consuls doivent en outre aller eux-mêmes , accompagnés de leur cortége , complimenter le pacha, le bey ou le gouverneur, sur l'heureux événement qu'on célèbre, et manifester la satisfaction de leur gouvernement par des festins, des bals, et des feux d'artifice. Les frais sont généralement réglés par deux députés de la nation, et remboursés sur la caisse du consulat de chaque puissance respective.

A la mort d'un Consul, d'un chancelier, d'un drogman, ou de quelque négociant, le palais consulaire arbore le pavillon noir, et en donne avis à tous les Consuls qui en font autant. Ils se rendent ensuite à la maison du décédé, et accompagnent le corps jusqu'à l'église. Si c'est un Consul, les Jannissaires y paraissent avec leurs marques distinctives ; si c'est un autre individu, les Consuls se bornent souvent à envoyer aux funerailles quelques officiers du palais.

Le chancelier du Consul décédé prend aussitôt l'administration des affaires de sa nation, sous le titre de Proconsul ou chargé-d'affaires du Consulat, jusqu'à ce que son gouvernement ait pourvu à la place vacante.

Tous les égards publics cessent entre les Consuls de deux nations belligérantes, résidans dans le même port ; et dès que la guerre est déclarée entre sa nation et la puissance auprès de laquelle le Consul réside, il quitte ses états, dans les pays où le respect dû à son caractère, lui en laisse la liberté ; mais par une exception à toutes les lois reçues, et à la foi des traités entre peuples policés, les Souverains de l'empire Ottoman, de Maroc et les Régences barbaresques, se permettent d'accompagner les déclarations de guerre avec une puissance, de l'arrestation de son ministre, de ses Consuls et de leur suite, qu'ils font enfermer dans une tour. Le pillage de leurs effets et de leurs archives s'en suit ordinairement, et pour comble d'atrocité, souvent ils les réduisent en esclavage, et quelquefois ils font pis encore.

On a tiré vengeance des puissances barbaresques de cette violation du droit des gens, et de l'humanité ; mais dans l'empire Ottoman et de Maroc, elle a resté presque toujours impunie.

Les détails énoncés ci-dessus sur le pouvoir et les fonctions des Consuls, ne peuvent s'appliquer à ce qui se passe dans les autres états de l'Europe où ils sont obligés de se conformer à l'usage et aux traités existans, sur-tout pour ce qui est de la jurisdiction civile et criminelle ; mais partout comme en Turquie, le premier devoir du Consul est de protéger, améliorer, étendre le commerce de sa nation, surveiller ses compatriotes négocians et navigateurs, qui se trouvent dans son département ; d'empêcher autant que possible, qu'ils ne commettent des actions déshonorantes ; de remplir avec eux, sinon les fonctions de juge lorsqu'il

u n'y est pas autorisé, au moins celles de conci-
l liateur (1).

Pour être admis à l'exercice de ses fonctions
dans les états de l'Europe, un Consul doit avoir
obtenu l'*exequatur* de la puissance à qui appartient
le lieu où il doit résider. Cet *exequatur* se demande ordinairement par le ministre de son Souverain, accrédité auprès de ladite puissance. Ce
document est transmis ensuite au Consul, qui le
présente aux autorités locales pour être enregistré,
et après cette formalité, il est reconnu en sa qualité.
Quoique son caractère le rende en quelque façon
indépendant de ces mêmes autorités, cette indépendance ne s'étend pas néanmoins aux bien-
séances, qui, nécessaires dans les individus de
toutes les classes, sont indispensables pour tout
homme public, jaloux de captiver l'estime et la

---

(1) Lorsqu'en 1732, le pape Clément XII, érigea la ville
d'Ançône en port franc, il poussa la liberté de la jurisdiction plus loin qu'on ne l'avait jamais fait jusqu'alors. Si
les plaideurs n'étaient pas satisfaits de la sentence de leurs
Consuls respectifs, ils en appelaient aux Consuls des diverses nations, qui étaient ainsi organisés en tribunal d'appel, et sans doute souverain. C'est une des idées les plus
libérales qu'on ait encore exécutées en fait de jurisprudence-
commerciale. Le pape Benoît XIV, confirma depuis toutes
ces dispositions.

8

bienveillance , uniques moyens de traiter les affaires avec facilité et succès. Il est donc convenable que , dès son arrivée dans le lieu de sa résidence , le Consul fasse en personne une visite de cérémonie au gouverneur , et qu'après avoir été installé dans son emploi , il rende le même devoir aux principaux chefs de l'administration , ainsi qu'aux personnes marquantes du lieu. Il s'entend de soi-même que cette attention doit se pratiquer aussi avec les Consuls des autres nations , qui se trouvent en bonne intelligence avec celle qu'il représente ; enfin, il est de l'intérêt politique du Consul , de cultiver dans l'endroit où il est établi , les personnes les plus distinguées , par leur rang , leurs places , ou leurs talens ; puisqu'il peut en retirer des avantages , soit directs soit indirects pour le bien de sa patrie. Si sa fortune ou le traitement qu'il reçoit de sa Cour , ne lui permettent pas de les fêter de temps en temps , il doit tâcher d'y suppléer par ses moyens personnels , sans cependant faire aucune bassesse qui le rende méprisable.

Les objets principaux que les Consuls doivent s'efforcer de connaître à fonds , peuvent se réduire aux suivans :

1°. L'état du commerce , de l'agriculture et des fabriques du pays où il se trouve.

2°. Toutes les marchandises d'importation et

d'exportation relatives à son pays, et même aux autres.

Le Consul doit établir sur ces notions, pour l'avantage de ses concitoyens, les bases qui assureront le commerce, encourageront l'agriculture, et les manufactures. Il doit également consacrer ses soins à ouvrir à la classe commerçante de sa nation, des routes nouvelles de commerce, ou si les circonstances n'y sont pas favorables, s'efforcer d'améliorer les anciennes, de sorte qu'elle puisse avoir, non-seulement un débouché plus aisé de ses productions ; mais qu'elle puisse faire encore un achat plus facile et plus avantageux des productions étrangères.

Pour acquérir une parfaite connaissance de l'état du commerce, des manufactures, de l'économie rurale du pays étranger, le Consul ne doit point en croire ni de pures relations, ni de simples descriptions ; mais il faut qu'il observe tout par lui-même.

Il doit encore tâcher d'engager au service de sa nation d'habiles ouvriers de toute espèce. Un Consul attentif, vigilant, et bon patriote, a toutes les facilités requises pour découvrir les secrets des fabriques étrangères, car avec du patriotisme, il n'est point d'obstacle qu'on ne surmonte, point de difficulté qu'on n'applanisse, point d'entreprise dont on ne vienne à bout.

8*

Le Consul doit veiller à ce que les marchands de sa nation n'importent dans le pays que des marchandises bonnes, et qu'ils remplissent fidèlement les engagemens contractés avec les gens du pays : c'est une des choses les plus essentielles, car on acquiert par là une réputation de bonne foi et de droiture, qui facilite beaucoup les relations commerciales.

Ces devoirs sont communs aux Consuls établis dans le Levant, comme pour ceux qui résident dans les autres états de l'Europe : voici maintenant un aperçu de leurs fonctions dans ces derniers pays. Si elles varient d'une nation à l'autre, c'est à quelques circonstances près, déterminées par les traités, les instructions ou les ordonnances du Souverain de qui dépend le Consul ; mais la différence est en général peu importante.

Les Consuls peuvent établir une chancellerie, où sont déposés les actes, délibérations et procédures consulaires ; ainsi que les testamens, obligations, contrats et autres actes, faits par les nationaux, ou entr'eux, et les effets laissés par mort, ou sauvés des naufrages. Il peuvent, lorsqu'il n'y a pas de chancelier nommé par leur gouvernement, commettre à l'exercice de ladite chancellerie des personnes capables, les recevoir, leur faire prêter serment, leur donner la garde du sceau, et le droit de sceller les actes consulaires, ainsi que d'y remplir les fonctions de notaire et greffier du consulat.

Les Consul reçoivent dans leur chancellerie où à bord des bâtimens, les déclarations et tous les autres actes des capitaines, patrons, équipages, passagers, et négocians de leur nation ; même leur testament, et autres dispositions de dernière volonté ; et lesdits actes légalisés par les Consuls, et munis du sceau de leur consulat, font foi en justice comme les originaux. Ils ont aussi et exclusivement, en cas d'absence d'exécuteur testamentaire, curateur, ou héritiers légitimes, le droit de faire l'inventaire, la liquidation, et de procéder à la vente des effets mobiliers de la succession des sujets de leur Souverain qui meurent dans l'étendue de leur consulat. Ils y procédent avec l'assistance de deux négocians de leur nation, ou à leur défaut, de tous autres a leur choix, et font déposer dans leur chancellerie les effets et papiers desdites successions, sans qu'aucune autorité du pays puisse les y troubler, ni y intervenir en quelque manière que ce soit ; bien entendu que les Consuls ne peuvent en faire la délivrance aux héritiers légitimes, ou à leurs mandataires, qu'après avoir fait acquitter toutes les dettes contractées par les défunts dans le pays ; à défaut de quoi les créanciers peuvent saisir lesdits effets dans leurs mains, de même que dans celles de tout autre individu quelconque, et en poursuivre la vente jusqu'au payement de ce qui leur est légitimement dû.

Les Consuls reçoivent les déclarations, protestations et rapports des capitaines et patrons de leur nation pour raison d'avaries essuyées à la mer, et ces capitaines remettent dans la chancellerie des Consuls, les actes qu'ils ont faits dans d'autres ports pour accident. Si un individu de la nation du Consul et un habitant du pays où il réside, sont intéressés dans la cargaison, l'avarie est réglée par les tribunaux, mais lorsqu'il n'y a d'intéressés que les nationaux, les Consuls nomment des experts pour régler les dommages et avaries.

Lorsque par tempête, ou autres accidens, des bâtimens échouent sur les côtes d'un état, le Consul le plus à portée du lieu du naufrage, donne les dispositions nécessaires, tant pour sauver ledit bâtiment, son chargement et ses agrés, que pour le magasinage et la sûreté des effets et marchandises sauvés. Il en fait l'inventaire sans que l'autorité locale puisse s'y immiscer autrement que pour faciliter au Consul, capitaine et équipage du vaisseau naufragé ou échoué, tous les secours qu'ils lui demanderont, soit pour la célérité et la sûreté du sauvetage et des effets sauvés, soit pour éviter tous désordres.

Si le naufrage arrive à une telle distance de la résidence du Consul, qu'il ne puisse pas se trans-

porter promptement sur les lieux, le juge territorial préside au sauvetage ; sauf à se retirer, le
Consul survenant, et à lui remettre l'expédition
des procédures dont les frais sont remboursés par
le Consul, ainsi que ceux du sauvetage. Les marchandises et effets sauvés, sont déposés à la
douane ou autre lieu de sûreté le plus prochain
avec l'inventaire qui en a été dressé par le Consul,
ou, en son absence, par le juge qui en aura connu ;
pour, lesdits effets et marchandises, être ensuite
délivrés après le prélévement des frais, et sans
forme de procès, aux propriétaires qui, muni de
la main-levée du Consul le plus proche, les réclament par eux-mêmes, ou par leurs mandataires ;
soit pour réexporter les marchandises, soit pour
les vendre dans le pays, si elles ne sont pas prohibées. Dans ce dernier cas, les marchandises se
trouvant avariées, le Consul doit faire des démarches pour obtenir une modération sur les droits
d'entrée, proportionnée au dommage souffert ;
lequel sera constaté par le procès verbal dressé lors
du naufrage ou de l'échouement.

Les Consuls exercent la police sur les bâtimens
de leur nation, et ils ont à bord des vaisseaux
marchands tout pouvoir et jurisdiction en matière
civile dans toutes les discussions qui peuvent y
survenir ; ils ont une entière inspection sur les
mêmes bâtimens, leurs équipages, les change-

mens et remplacemens à y faire. Ils peuvent à cet effet se transporter à leur bord toutes les fois qu'ils le jugent nécessaire ; bien entendu que les fonctions ci-dessus énoncées sont concentrées dans l'intérieur des navires, et qu'elles ne peuvent avoir lieu dans aucun cas qui a quelque rapport avec la police des ports où ils se trouvent.

Les Consuls peuvent faire arrêter tout individu, faisant partie de l'équipage d'un bâtiment de leur nation, qui aurait déserté de son bord, pour le renvoyer, et le faire transporter hors du pays. Les Consuls adressent alors par écrit, à l'autorité compétente, la demande qu'ils font des déserteurs, en justifiant qu'ils étaient réellement partie desdits équipages, et sur cette demande l'extradition ne peut être refusée, et on donne toute aide et assistance aux Consuls pour la recherche, saisie et arrestation des susdits déserteurs. Ils sont détenus et gardés dans les prisons du pays à la requisition, et aux frais des Consuls, jusqu'à la plus prochaine occasion de les renvoyer dans leur patrie.

Toutes les discussions relatives aux salaires et conditions des engagemens des équipages des navires, et tous les différens de quelque nature qu'ils soient, entre les individus desdits équipages, ou entre quelques-uns d'entreux et leurs capitaines, ou entre les capitaines de divers bâtimens nationaux, sont terminés par les Consuls, soit par un renvoi par-devant des arbitres, soit par un jugement sommaire et sans frais ; mais les parties peuvent en appeler aux tribunaux de leur patrie, et même il y a des nations qui, en vertu de leurs ordonnances ou des traités, conservent à chacun le droit de recourir à la justice du pays, en cas qu'il se trouve lésé par le Consul.

Indépendamment des écritures énoncées ci-dessus et qui sont de la compétence du Consul, il légalise les actes ; on passe à sa chancellerie les contrats maritimes, les certificats de vie ; ceux des maîtres d'équipages sont délivrés par lui.

Les polices d'assurance, les obligations à la grosse aventure, ou à retour de voyage, peuvent être passées à la chancellerie du consulat, en présence de deux témoins qui signent.

Il délivre les certificats d'origine qui accompagnent une marchandise pour constater de quel pays elle est, qu'elle n'est pas prohibée, ou qu'en vertu de quelque traité de commerce, elle ne paye pas le même droit qu'elle pourrait payer venant d'un autre pays.

Les connaissemens que l'écrivain signe pour ses parens, sont paraphés en pays étranger par le Consul.

Lorsqu'un gouvernement accorde des primes sur des objets importés directement dans un port étranger , le capitaine doit faire , en présence du Consul , ou d'une personne déléguée par lui , le déchargement et la pesée de la cargaison ; et il doit rapporter un certificat du Consul, énonçant la quantité déchargée , pesée et vendue dans le port. Enfin, il existe encore beaucoup d'autres formalités relatives à la navigation , et à la course maritime , qui dépendent des réglemens respectifs des nations, à qui appartiennent les Consuls , et auxquels ceux-ci doivent se conformer.

Nous insérons , dans l'appendice de cet ouvrage (1) , le réglement du 8 Novembre 1779 , sur les prises qui seront conduites dans les ports étrangers, et les formalités à observer à ce sujet, par les Consuls de France.

Cette pièce nous a paru le meilleur guide des Consuls dans tous les cas pareils.

Nous donnons aussi une liste des principaux ouvrages concernant les consuls , ou dans lesquels ils peuvent puiser d'utiles renseignemens (2).

------

(1) Voyez l'appendice n. 12.

(2) Commentaire sur l'ordonnance du commerce, par Valin, 2 vol. in-4to.

Géographie commerçante par Peuchet, 5 vol. in-4to.

Dictionnaire universel de commerce , du même auteur. 2 vol. in-4to.

Bibliothèque commerciale. *Idem.*

Institutions au droit maritime, par Boucher. 1 vol. in-4to.

'Ils sont obligés de tenir un registre exact des affaires importantes de leur consulat, et d'en envoyer l'extrait à la fin de chaque année, au ministre ayant le département du commerce.

Ils doivent faire de temps en temps des observations sur la situation de la navigation et du commerce de leur nation dans l'étendue de leur département, et les soumettre au même ministre.

Ils doivent développer, dans ce mémoire, les moyens qui leur paraîtront les plus propres à procurer au commerce de leur nation, les avantages, l'amélioration et l'extension dont ils sont susceptibles.

Ils sont tenus d'informer le ministre, avec lequel ils correspondent pour les affaires commerciales, de l'arrivée et du départ de tous les navires de la nation, des événemens de leurs voyages, de l'état du commerce et de la navigation des autres nations dont on redoute la concurrence.

Le grand Colbert a laissé un modèle d'instruction

Institutions commerciales, du même auteur. 1 vol. in-4to.
Institutions du droit des gens, par Gérard de Rayneval. un vol. in-8vo.
Collection des traités, par Martens. 8 vol. in-8vo.
Théorie des traités de commerce, de Bouchaud.
Traité des assurances, d'Emérigon. 2 vol. in-4to.
Droit maritime, d'Azuni. 2 vol. in-8vo.

pour les Consuls dans cette partie , dont nous croyons utile d'enrichir cet ouvrage (1).

Quant au commissions diplomatiques dont peuvent être chargés les Consuls , il est clair, qu'en général , ils n'ont pas de meilleur parti à prendre qu'à suivre littéralement les instructions du ministre qui les charge de la commission. Le zèle, l'habitude acquise des affaires , la connaissance des localités , leur donneront les moyens de s'en tirer avec honneur , et avec l'approbation de leurs chefs.

---

(1) Voyez l'appendice N°. 13.

CHAPITRE VII.

Considérations générales.

ON vient de voir dans les chapitres précédents que l'institution des Consuls est née, fort anciennement, des besoins mêmes du commerce ; qu'ils en sont une conséquence nécessaire. Nous avons suivi le sort de ces agens commerciaux à travers la nuit des tems anciens et l'obscurité du moyen âge ; et de nos jours, nous avons indiqué les principales différences qui existent de nation à nation, dans l'établissement des consulats.

Sans doute que chaque état consultant sa position, ses forces, ses besoins, a pu donner plus ou moins de latitude à l'institution consulaire ; mais il est probable que toutes ces variétés ne sont pas également fondées sur des motifs réels. Les changemens arrivent peu à peu ; ils sont quelquefois appuyés sur des circonstances passagères, et de-là vient que toutes les parties ne sont pas toujours bien coordonnées entre elles. D'ailleurs la position des Consuls rendus à leurs résidences, diffère suivant les traités, et surtout d'après les mœurs des habitans, leurs usages, leurs lois. Dans toute l'Europe chrétienne, où la police et la civilisation ont fait des progrès à peu près égaux, le citoyen d'un état quelconque n'est étranger qu'à demi dans un état voisin. La police le protége sans s'informer quelle est sa patrie, l'accès des tribunaux lui est ouvert, et la terre ne le repousse pas. Il en est autrement en Turquie, dans le Levant et chez les puissances barbaresques; les traités les mieux cimentés, une protection continue et toujours active, garantit à peine à un étranger la sûreté de sa personne et de ses biens. Le législateur a donc étendu ou restreint les droits, les fonctions et les devoirs des Consuls suivant que sa vue s'est portée sur l'Europe ou du côté du Levant.

Il est cependant des convenances générales auxquelles on doit désirer d'assujétir le plan du consulat. On est quelquefois obligé de s'en écarter d'après les localités ou d'autres circonstances; mais il est bon d'avoir sous les yeux un type auquel on puisse avoir recours, soit pour former de nouvelles liaisons, soit pour corriger ce que les anciennes institutions ont de défectueux.

Nous allons donc essayer d'établir la question d'une manière générale, et comme si tout était à faire; mais sans négliger les leçons de l'expérience.

§. I.

De la Hiérarchie consulaire.

Un État un peu vaste a des ports plus ou moins importans. Il serait superflu de donner le même relief aux officiers destinés à y exercer les fonctions consulaires. De-là vient la nécessité d'avoir des Consuls-généraux , des Consuls et des vice-consuls, ou agens de commerce honoraires.

On a souvent besoin de recourir à l'autorité suprême. Un Consul éloigné de la capitale perdrait et ferait perdre beaucoup de tems à ses clients, dans un genre d'affaires qui ne s'accommode pas des délais , s'il s'en fiait à la correspondance par lettres ; ainsi pour peu qu'un état soit étendu, il convient d'établir un Consul-général qui réside auprès du gouvernement. La conservation des grands intérêts commerciaux lui est dévolue. Les Consuls correspondent avec le Consul-général , et celui-ci avec le Ministre qui n'est pas détourné par une foule de petites correspondances insignifiantes.

Les actes , les certificats , les légalisations etc. , sont expédiées à la chancellerie du consulat ; il faut donc auprès des Consuls-généraux et des Consuls , un chancelier qui pourra avoir le grade de vice-consul.

Ces fonctions pour être bien exercées exigent des connaissances particulières , une éducation appropriée ; il est donc à propos d'établir des élèves vice-consuls.

L'organisation du consulat d'un pays peut donc être faite ainsi :

1°. Consul-général résidant dans la capitale (1) auprès des autorités du gouvernement.

2°. Des Consuls dans les principaux ports.

3°. Des vice-consuls dans les ports moins importans.

4°. Des chanceliers auprès du Consul-général et des Consuls.

5°. Des élèves du consulat ; ils pourraient remplir les fonctions de chancelier et obtenir suivant leur mérite le grade de vice-consul.

Quelque soit le département auquel appartienne principalement le bureau du consulat, les Consuls-généraux doivent se considérer dans un rang au-dessous des Ministres du 3ème ordre; mais s'ils sont en outre chargés d'affaires, ils doivent se considérer comme des agens diplomatiques, tant que leur commission dure ; et comme ils représentent en général les intérêts nationaux plutôt que le Souverain , il serait assez convenable à l'esprit de leur institution

---

(1) Il convient quelquefois d'établir deux Consuls-généraux dans un seul royaume; la France, par exemple , tient un Consul-général à Madrid et un autre à Cadix, à cause de l'importance de cette dernière place.

qu'ils ne visassent à aucune préséance individuelle de nation à nation. Le Consul-général qui arrive le dernier fera donc la première visite aux Consuls-généraux de toutes les puissances avec qui son Souverain est en paix.

Dans les grandes cérémonies il augmente et fait partie du cortége de celui qui représente son Souverain, et son rang est marqué à sa suite.

§. II.

De la qualité et de l'âge des Consuls-généraux, Consuls, Vice-consuls et élèves.

Partout, la carrière du consulat est distincte de toute autre et par conséquent bornée. Les espérances de ceux qui s'y livrent sont d'arriver aux consulats généraux, et quelques-uns à des fonctions plus importantes.

On ne doit pas s'attendre que les personnes distinguées par leur naissance, leur fortune, leurs espérances, veuillent courir cette carrière. D'un autre côté, une bonne éducation qu'on n'acquiert qu'avec de l'aisance, qui n'est complète qu'autant qu'elle est fortifiée par de bons exemples, ne permet pas qu'on choisisse indistinctement dans toutes les classes de la société; mais seulement dans des familles plutôt au-dessus qu'au-dessous de la ligne moyenne de la hiérarchie sociale.

Lorsque le système des consulats sera complètement organisé, on doit s'attendre que ces places deviendront une espèce de patrimoine de famille, et cela peut être sans inconvénient.

On ne doit pas être Consul-général avant l'âge de trente ans, ni Consul avant celui de vingt-cinq. Les élèves auront de 15 à 20 ans, et ne seront plus admis après 21 ans révolus.

Les Consuls - généraux doivent être sujets du Prince qui les constitue; il en est de même des Consuls et des vice-consuls en tant que faisant partie du corps consulaire, car on pourrait sans inconvénient donner ce titre à un étranger qui, dans un port de peu de conséquence, exercerait l'état d'agent honoraire. Ceux - ci peuvent être choisis parmi les habitans du pays, si aucune capitulation ne s'y oppose, ou parmi les sujets d'une puissance alliée.

Toutes les personnes attachées au consulat doivent avoir un uniforme, fixé par un réglement. Cet uniforme doit être riche et parler aux yeux. On traite un homme connu d'après son mérite, mais on le reçoit d'après son habit, et pour une personne à qui la décoration extérieure est sans effet, on en trouve cent à qui elle en impose. Cet éclat dont on peut se passer dans l'intérieur d'un pays est indispensable au dehors. C'est d'après ce principe que toutes les puissances se sont trouvées d'accord pour donner de riches uniformes aux officiers de marine, tandis qu'on a souvent outré la simplicité des habits des troupes de terre.

§. III.

Du département auquel doivent ressortir les Consuls.

Les Consuls sont des agens de commerce, ainsi ils doivent en général ressortir du département qui compte au nombre de ses attributions le commerce extérieur.

Leurs fonctions ne sont cependant pas si exclusives qu'elles ne dépendent quelquefois d'un autre ministère. En France c'était autrefois le ministre de la marine qui avait les consulats; c'est aujourd'hui le ministre des relations extérieures, avec d'autant de raison, que la stagnation du commerce maritime laissant les Consuls sans occupations, ils se sont rendus très-utiles comme agens diplomatiques.

Le consulat général de Constantinople est réuni à l'ambassade. Presque tous les Consuls-généraux des échelles du Levant ont de plus le titre de chargé-d'affaires, ce qui leur donne une qualité diplomatique, et quelques-uns sont agens-généraux de la marine. Il y a donc des cas où un Consul-général peut dépendre de trois ministres.

§. IV.

Doit-il être permis au Consul de faire le Commerce ?

Plusieurs nations permettent le commerce à leurs Consuls, et n'attachent aucune importance à cette circonstance (1); mais il est évident que, lorsque l'on fait un corps du consulat; qu'il y a un noviciat et des grades, on ne doit plus s'occuper d'autre chose. L'expérience a prouvé d'ailleurs les avantages de cette méthode.

Dans les pays où les commerçans obtiennent le consulat, c'est en quelque sorte à titre de commission isolée; l'institution existe à peine; il y a des Consuls, et point de consulat; les membres existent et ne forment pas de corps. Dans ces cas là, on n'a rien de mieux à faire qu'à choisir des personnes d'un caractère sûr, et dans une position au-dessus des chances fâcheuses du commerce, s'il est possible. Si néanmoins il leur arrive malheur, on en nomme un autre; l'inconvénient est moindre parce qu'ils ne sont pas incorporés.

---

(1) En France aucun membre du consulat ne peut faire le commerce. En Espagne cette restriction est bornée aux trois Consuls-généraux de Paris, Londres et St.-Pétersbourg. Mr. le chevalier de Colombi, ayant, en quelque sorte, établi sa maison de commerce dans cette dernière capitale, par ordre du Roi, fait une exception momentanée à la règle générale.

§. V.

Du traitement des divers membres du Consulat.

Nous avons vu que les Consuls sont choisis parmi les citoyens d'une fortune médiocre, que poussés dès leur jeunesse dans la carrière, ils n'ont plus guère d'autre espoir de fortune, ni d'autre patrimoine que l'état qu'ils ont embrassé.

D'abord on leur doit les frais de voyage et ceux d'un premier établissement, parce qu'il est impossible qu'un agent extérieur meuble complètement une maison avec les appointemens qu'on lui donne quartier par quartier, à moins qu'il ne vive dans une espèce d'incognito, jusqu'au moment où, ayant économisé la dépense de son établissement, il pourrait sortir de son obscurité.

Le traitement d'un Consul-général doit être assez considérable pour le faire exister honorablement, d'après les dépenses indispensables, auxquelles il est assujéti. Il est un certain degré de bienséance au-dessous duquel un agent extérieur ne peut rester, sans perdre la considération qui lui est nécessaire ; soit à l'égard du peuple étranger, qui juge toujours un pays par son représentant ; soit à l'égard de la puissance locale, qui mesure le cas qu'on fait d'elle par la tenue de l'agent qu'on lui envoye ; soit à l'égard des agens des autres nations dans la même résidence toujours essentiellement occupés à se ménager les meilleures liaisons.

Un Consul-général est d'ailleurs exposé à des casualités dispendieuses ; telles que l'arrivée d'une flotte, le passage des personnes d'une haute distinction, les réjouissances publiques du lieu où il se trouve, les fêtes particulières qui regardent sa nation et son Souverain : tous ces cas sont aussi des raisons légitimes de le dédommager de temps en temps par des gratifications. N'est-il pas encore la seule ressource de tous ses compatriotes que le hasard jette souvent sans secours sur des rives étrangères ? peut-il les laisser mourir de faim ? Combien de fois ne sera-t-il pas obligé de prêter de l'argent sans savoir quand il lui sera rendu ?

Les Consuls sont tenus à moins de représentation ; mais on doit leur fournir les moyens de vivre d'une manière indépendante.

Les chanceliers, vice-consuls, et élèves ont peu de dépenses à faire ; devant être, pour le bon ordre, logés et nourris dans la maison des Consuls ; ainsi leur traitement ne sera pas dispendieux. D'ailleurs ils entrent dans une carrière qui leur promet de l'avancement, ce sont les lieutenans et sous lieutenans de cette milice ; en conséquence traités comme tels.

Les vice-consuls ou agens honoraires ne sont pas dans le cas de recevoir des appointemens ; on trouvera partout des personnes d'un caractère respectable qui s'empresseront de solliciter ces emplois. Une lettre du ministre dans des occasions importantes, sera pour eux la plus flatteuse des récompenses.

Le consulat étant un service régulier et actif qu'on doit quitter quand l'âge, ou les infirmités rendent incapable de le remplir, il est juste d'accorder des pensions de retraite, d'après la nature des services, et le temps qu'on aura servi.

§. VI.

Des Chancelleries.

Il est de principe que la chose publique elle-même, n'est constamment bien servie, que lorsque ceux qui s'en mêlent y trouvent leur avantage. Une partie de l'art du gouvernement consiste à savoir former cette alliance entre l'intérêt particulier et le bien public. Le salaire d'un service régulier peut être abonné à une certaine somme et payé à l'année; mais tout travail casuel, pour être bien fait, doit recevoir une récompense casuelle aussi, proportionnée à la peine que le travail a coûté.

Le chancelier du consulat est greffier, notaire de sa nation; une foule d'actes divers, pour des intérêts particuliers, émanent de son bureau. Tous ces actes doivent être tarifés d'avance à un taux juste et modéré, et perçus aux dépens de ceux qui réclament ses services (1).

On doit faire une exception en faveur des indigens et des matelots.

Ainsi l'état, qui reçoit des services constans, paye un service réglé ; chaque particulier qui occupe la chancellerie paye à proportion. Cet usage est presque général.

Un réglement particulier fixera les parts de distribution des produits de la chancellerie entre les diverses personnes attachées au consulat.

§. VII.

De l'instruction des élèves du consulat.

Un jeune homme destiné à courir la carrière des consulats, doit avoir reçu les principes généraux d'éducation qui sont également indispensables à toutes les professions libérales. Comme il ignore dans quelle partie du monde il sera envoyé, on ne peut lui prescrire d'avance quelles sont les langues auxquelles il doit s'appliquer de préférence ;

---

(1) Voyez dans l'appendice sous le N°. 13 , le tarif des droits perçus par les commissaires des relations commerciales sur les marchandises importées et exportées sur vaisseaux français et des droits des chancelleries pour les expéditions qu'on y délivre.

mais il doit d'abord bien savoir la sienne par principes.

Une langue donne peu de peine à apprendre, lorsqu'on en sait déjà plusieurs ; ainsi un jeune homme quelque soit sa patrie, fera bien d'apprendre, dès sa tendre jeunesse, le latin, le français et l'allemand. Avec ce fonds, il apprendra sans difficulté, lorsqu'il en aura besoin, l'italien, l'espagnol, l'anglais, le danois, le suédois, etc.

Les langues orientales ont un génie à part.

L'élève sera confié au Consul, et il travaillera sous sa direction et sous ses yeux ; c'est ainsi qu'il se formera à l'état auquel il se destine. Il obtiendra le grade de vice-consul d'après le rapport de son chef et au bout de quelques années d'exercice.

Dans tous les corps, l'ancienneté est un titre sans doute et donne des droits à l'avancement ; il convient même en général, de ne s'écarter que le moins possible de l'ordre du tableau. Mais cette marche ne peut guère trouver son application dans le corps du consulat, dont les membres dispersés dans les quatre parties du monde, acquièrent des connaissances locales, qui seraient perdues par leur déplacement. D'après les travaux de chacun,

on pourra juger de leur mérite particulier, et on
le récompensera sans être obligé à des compa-
raisons, que des positions aussi variées ne com-
portent pas.

F I N.

APPENDICE.

N°. I.

Diplôme de JACQUES Ier, Roi d'Arragon,
de l'an 1266 ; par lequel il accorde au magistrat
municipal de Barcelone, la faculté de nommer
des Consuls en Syrie et en Égypte (1).

NOVERINT *universi : quod Nos Jacobus,
Dei gratia, Rex Aragonum, Majoricarum, et
Valentiæ, Comes Barchinonæ et Urgelli et dominus Montispessullani, ex certa scientia damus
et concedimus plenam licentiam et potestatem
Consiliariis et Probis Hominibus Barchinonæ,
præsentibus et futuris, quòd ipsi auctoritate
nostra, ponant et eligant singulis annis Consules,
secundum voluntatem dictorum Consiliariorum et
Procerum, in navibus et lignis ad partes ultramarinas navigantibus. Qui Consules habeant*

---

(1) Memorias historicas sobre la Marina Comercio y artes
de la Antigua Ciudad de Barcelona, par Capmany. Tom. II.
page 32.

11*

plenam jurisdictionem ordinandi, gubernandi compellendi ministrandi, puniendi, et omnia alia faciendi super omnes personas de terris nostris ad ipsas partes ultramarinas navigantes, et in ipsa terra residentiam facientes, et super omnes naves et alia ligna de terris nostris illuc navigantia, sive portum facientia, et super res earundem personarum quæ illuc fuerint, tam in terra quam in mari, sicut habent in illis partibus Consules de aliis provinciis ibi positi seu constituti super personas et navigia et alias res hominum earum provinciarum. Volumus etiam, quod si prædicti Consules vel aliquis eorum noluerint in ipsis partibus exivernare sive moram facere, possint ipsi ibidem eligere et ponere alios Consules, qui eandem jurisdictionem et posse habeant in prædicta terra et mari et personis et rebus, quam concessimus prædictis Consulibus electis per Consiliarios et probos homines Barchinonæ : possint etiam prædicti Consules, à Consiliariis et probis hominibus electi, imponere et ponere pœnam prædictis aliis quos ipsi electi eligent, sub qua pœna teneantur recipere dictum Consulatum, et tenere et regere ipsum usque in fine temporis, quod eis ab ipsis electoribus ad dictum regimen fuerit præfinitum. Item, damus plenum posse et jurisdictionem prædictis Consiliariis et probis hominibus Barchinonæ puniendi secundum eorum arbitrium Consules supradictos ab eis electos, et illos etiam quos ipsi Consules elegerint si deliquerint quoquomodo. Volumus etiam, et constituimus, quod prædicti Consules electi per Consiliarios et probos homines Barchinonæ jurent tempore electionis in posse eorum ad Sancta Dei Evangelia, quòd in prædicto Consulatu se bene et fideliter habeant ad honorem et fidelitatem nostri et successorum nostrorum, et ad commodum et utilitatem Civitatis et habitantium Barchinonæ, et omnium hominum Cathaloniæ bona fide : et hoc idem jurent in posse dictorum Consulum alii Consules qui ab ipsis Consulibus fuerint constituti. Hanc autem concessionem, sive privilegium præsens, vobis damus et concedimus quamdiu nobis placuerit duratura.

Datum Barchinonæ XVII. Kal. Septembris, anno Domini millessimo ducentessimo sexagessimo sexto.

N°. II.

Diplôme de JACQUES Ier, Roi d'Arragon,
de l'an 1268 ; par lequel il autorise le magistrat
municipal de Barcelone , à nommer des Consuls dans les ports de l'Archipel , de la Grèce ,
et autres échelles du Levant (1).

NOS *Jacobus , Dei gratia , Rex Aragonum ,
Majoricarum , et Valentiæ , Comes Barchinonæ
et Urgelli , et Dominus Montispessullani , concedimus et donamus integram licentiam et potestatem vobis Consiliariis et probis hominibus Barchinonæ , tam præsentibus quam futuris , quòd
possitis ponere et eligere Consulem vel Consules ,
quem et quos volueritis , in partibus ultramarinis,
et in terra de Romania , et in quibuslibet aliis
partibus , in quibus naves vel ligna Barchinonæ
navigaverint : electionem autem , quam de dictis
Consulibus feceritis , laudamus , concedimus , et
confirmamus. Mandantes omnibus illis , qui per
vos in Consules electi fuerint , quod recipiant*

---

(1) Memorias historicas sobre la Marina Comercio y artes
de la Antigua Ciudad de Barcelona , par Capmany. Tom. II.
page 34.

dictum Consulatum , et non contraveniant ullo modo. Mandamus insuper Vicariis et Bajulis Barchinonæ præsentibus et futuris , quod in dictis Consulibus per vos electis nullum impedimentum faciant vel contrarium. Volumus insuper et mandamus quod omnes subditi nostri, tam mercatores quam alii, teneantur firmare et respondere in posse dictorum Consulum per vos electorum , de omnibus quæstionibus et demandis per eos proponendis , et teneantur etiam eis in omnibus obedire.

Datum Tarraconæ VIII. idus Augusti , anno Domini millessimo ducentessimo sexagessimo octavo.

N°. III.

Instructions de PIERRE-LE-GRAND, à Jacques Jewreinoff, son Consul à Cadix ; du 7 Novembre, 1723 (1).

COMME toutes les nations de l'Europe ont à Cadix des Consuls et des négocians, et y font un grand commerce de productions du Nord ; elles s'enrichissent considérablement, et tirent de l'Espagne de grandes sommes d'or et d'argent. Leur commerce consiste principalement en mâts, planches et bois, propres à la construction et à la bâtisse ; ainsi qu'en cables, colle de poisson, suif, cire, cuivre, fer, acier, toiles, et en plusieurs autres objets que la Russie, grâces à Dieu, fournit abondamment.

De même, la flotte qui va ordinairement d'Espagne en Amérique, et qui consiste en 20 et 30 bâtimens, tous de 40 à 50 canons, est composée de vaisseaux, achetés des Anglais et Hollandais, qui retirent de ce commerce de grands avantages ; parce qu'ils se servent d'abord de ces vaisseaux,

____

(1) La famille de Mr. Jewreinoff a conservé l'original de cette pièce.

pendant 10 ou 12 ans, et les revendent ensuite en Espagne, pour le compte du Roi ou des particuliers, à un prix très-haut; de manière que cette flotte est presqu'entièrement composée de vaisseaux achetés des étrangers, et non construits dans le pays.

C'est pourquoi vous irez en Espagne avec le prince Jean Scherbatoff, tous deux en qualité de voyageurs (comme l'ont déjà fait ci-devant plusieurs Russes) et lorsque vous y serez arrivés, vous, Jewreinoff, irez à Madrid, chez le ministre russe, le prince Galitzin, qui, en vertu des ordres que je lui ai donnés, vous présentera à la cour, et fera en sorte d'obtenir un édit, par lequel il vous soit permis d'habiter à Cadix, et à la nation russe d'y faire le commerce. Quant au prince Scherbatoff il se rendra tout de suite à Cadix, et tâchera d'y lier connaissance avec les négocians du pays, et non avec les étrangers; et s'informera d'eux, par des voies secrètes, de l'état du commerce ci-dessus mentionné, afin qu'en attendant votre arrivée avec l'édit du roi, il soit déjà en relation avec plusieurs des habitans, à qui il vous présentera, aussitôt que rendu à Cadix vous y aurez fait voir l'édit et vous y aurez été reçu en qualité de consul. Voici quelle conduite vous devez observer dans les affaires de commerce.

I.

Étant en Espagne, vous y jouirez des mêmes honneurs, priviléges et prérogatives, dont jouissent les Consuls des autres Souverains ; vous protégerez dans toutes les occasions les négocians, sujets de la Russie, et jugerez leurs différens, excepté pourtant les affaires criminelles.

II.

Aussitôt que vous serez en relation avec beaucoup de négocians de Cadix, vous vous informerez d'eux de la quantité et de l'espéce de marchandises, dont ils ont besoin, et vous nous écrirez à ce sujet sans perdre de temps, afin que vos lettres puissent parvenir ici aux mois de mai et de septembre ; de manière qu'en recevant les premières, nous ferons transporter par mer, les marchandises déjà prêtes, et en recevant les secondes nous ferons préparer pendant l'hiver, les marchandises demandées ; vous marquerez aussi le prix de chaque objet.

III.

Les marchandises qui, à votre demande, vous seront envoyées, vous les ferez payer en monnaie du pays, et en lingots d'or et d'argent, ou bien si cela est impossible, vous les échangerez contre des marchandises du pays ; savoir : contre des laines, de la cochenille, du bois de sandal, de l'huile, des vaisseaux et du sel; mais vous tâcherez d'en prendre aussi peu que possible, et vendre plutôt contre argent. Il faut aussi faire attention à ce que le prix des marchandises russes ne tombe point, et que les négocians des autres nations, par exemple les Français, les Hollandais et les Italiens, et tous ceux enfin qui trafiquent avec l'Espagne, ne mettent des obstacles à notre commerce naissant.

IV.

Mais comme les négocians étrangers, sont établis en Espagne, et y font le commerce depuis longtemps, ils apporteront sans doute de grands obstacles au commerce de la Russie avec cette puissance, et donneront d'abord à bas prix leurs marchandises, qui seront de la même qualité que les nôtres, nonobstant les pertes qu'ils pourraient y faire. En ce cas vous tâcherez de persuader aux Espagnols, qu'en baissant les prix, ils ne le font que pour nous empêcher de commercer avec eux, et qu'ensuite ils les hausseront de nouveau. Néanmoins vous donnerez vos marchandises au même prix que les négocians étrangers donneront les leurs, et même vous pourrez rabattre quelque chose, pour établir un commerce solide entre la Russie et l'Espagne. Si vous vous apercevez que,

les Espagnols demandent volontiers des productions de la Russie, et en assez grande quantité,
vous ferez avec eux un acte, par lequel vous vous
engagerez à fournir la quantité de marchandises
demandées, en observant seulement que toutes les
conditions, ainsi que la quantité des marchandises,
soient marquées dans cet acte; afin que d'après
cela nous puissions fournir la quantité requise. Il
faut aussi faire attention, à ne pas insérer dans
l'acte des conditions trop désavantageuses pour
nous; par exemple, ne pas promettre des marchandises de la première qualité, mais dire sim-
plement qu'elles seront de la bonne espèce, et
marquer en même temps leur quantité, mesure et
poids. Vous tâcherez sur-tout d'engager les Espagnols, à les recevoir sans faire de difficultés; et
afin que dans le principe de ce nouveau commerce;
nous ne fassions tomber les prix et nous n'entrions
dans des dépenses trop grandes, vous vous informerez de la quantité de marchandises absolument
nécessaire, et pour cette raison, vous n'en promet-
trez pas davantage dans l'acte, afin que nos productions conservent toujours leur valeur. Vous
prendrez également des informations sur l'état de
la flotte qui va en Amérique, sur l'espèce et la
quantité de marchandises russes qu'elle y porte,
sur la saison dans laquelle elle met à la voile, et sur
la quantité de cordages dont elle a besoin. Vous

nous ferez du tout un rapport exact et détaillé , sans perdre de temps.

V.

Vous aurez soin que tous nos vaisseaux jouissent, sans aucune exception , des mêmes droits et priviléges dont jouissent ceux des autres nations ; et sur-tout qu'en les visitant , on ne leur fasse des difficultés qu'on ne fait pas aux autres vaisseaux étrangers.

VI.

Vous aurez avec vous à Madrid, pour y observer l'état du commerce , Alexis Wischniacoff , avec qui vous agirez de concert dans toutes les occasions, et ferez ensemble les comptes et les rapports que vous nous enverrez.

N°. IV.

Privilége de JACQUES Ier, Roi de Sicile, de l'an
1285 ; par lequel il accorde plusieurs exemptions
aux Consuls catalans , et la jurisdiction sur leurs
compatriotes marchands et navigateurs (1).

J ACOBUS *Dei gratia , Rex Siciliæ , Ducatus
Apuliæ , et Principatus Capuæ Decet munifi-
centiam Regiam illos gratiis et libertatibus am-
pliare , quos antiqua fidelitas et gratuitorum
servitiorum oblatio reddunt beneficiorum largi-
tione condignos. Nam quanto benemeritis de
collatis obsequiis per Dominum liberaliter pro-
videtur , tanto fideles singuli ad dominantis
servitia animosius et artendius inducuntur. At-
tendentes igitur puram fidem et devotionem sin-
ceram , quam Cathalani , fideles et devoti nostri
erga Illustrem Dominum Regem Aragonum et Siciliæ , Dominum patrem nostrum claræ memoriæ ,
Serenissimam Dominam Aragonum et Siciliæ*

----

(1) Mémorias historicas sobre la Marina Comercio y artes
de la Antigua Ciudad de Barcelona , par Capmany. Tom. II.
page 49.

Reginam Dominam matrem nostram, et Nos promto zelo gesserunt et gerunt, nec minus grata satis et accepta servitia, per eos dictis Dominis parentibus nostris et Nobis fideliter et devote præstita, et quæ dictæ Dominæ matri nostræ et Nobis præstant et conferre poterunt in antea, dant Domino gratiora ; eis de liberalitate mera, et gratia speciali concedimus : quod prædicti Cathalani in singulis terris et locis Regni nostri Siciliæ, illi videlicet qui sunt et erunt in terris eisdem, inter se possint eligere et statuere unum ex eis, quem idoneum et sufficientem viderint, in Consulem. Qui Consul quæstiones et causas civiles, quas inter eos moveri contigerit, vel ipsos ab aliis conveniri, audiat, examinet et debito fine decidat, et quæ sententialiter decreverit, appellatione ad Nos postposita, observet et faciat observari. Ita tamen, quòd de quæstionibus criminalibus se nullatenus intromittat, et ad easdem quæstiones criminales manus suas aliquatenus non extendat.

Cæterum, considerantes quòd, quanto fideles et devotos nostros prærogativa gratiæ, favoris, et benignitatis amplectimur, et eis beneficia per nostram magnificentiam conferuntur, tanto majoris fidei et devotionis ardore accensi ad nostra servitia promptius et animosius inducuntur ; eisdem tantummodo Cathalanis, qui sint habitato-

*res Cathaloniæ et non aliis , concedimus et pleno
favore Regio confirmamus , quòd vassella , mer-
ces , pecuniam , et omnes res alias ipsorum Cathalanorum , qui sint habitatores Cathaloniæ ,
qui in Regno nostro Siciliæ naufragium pati contigerit , quas patroni secundum consuetudinem ,
hactenus observatam , infra ipsius naufragii triduum recuperare poterant , vassellis et rebus omnibus ejusdem naufragii post ipsum triduum ad
recuperandum residuis fisci nostri comoditatibus
applicatis , liceat Cathalanis tantummodò qui sint
habitatores Cathaloniæ , ea sine aliqua licentia
Curiæ vel mandato infra et post triduum toto
tempore recuperare , habere , et utilitatibus suis
acquirere , nihil prorecuperatione et habitatione
ipsorum nostræ Curiæ vel ejus Officialibus exhi-
bendo , quod perpetuò eis observari volumus ,
nulla in hoc constitutione seu consuetudine con-
traria valitura. Et si aliquæ personæ publicæ
vel privatæ aliqua de pecunia , mercibus , vassellis , et rebus naufragiorum ipsorum , ob favorem
et potentiam Curiæ vel suum , seu aliarum qua-
rumlibet personarum caperent vel capi facerent ;
pecuniam , res , et bona ablata ad duplum in suæ
transgressionis pœnam patronis ipsorum , illi qui
ea ceperint , restituere per nostram Curiam
compellantur. Ad hujus autem nostræ conces-
sionis memoriam et robur perpetuò valiturum ,*

eis exinde præsens privilegium fieri jussimus, et Majestatis nostræ pendenti sigillo muniri.

Datum Panormi. Anno Domini millessimo ducentessimo octuagessimo quinto, mense Februarii vicessimo secundo, ejusdem quartæ decimæ Indictionis, Regni nostri anno primo.

N⁰. V.

Privilége de CHARLES II., Roi de Jérusalem et
de Sicile, de l'an 1299 ; par lequel il accorde
plusieurs immunités aux Consuls catalans (1).

ROBERTUS, *Primogenitus Illustris Jerusalem et Siciliæ Regis, Dux Calabriæ, ac ejus
in Regno Siciliæ Vicarius Generalis, Universis
tenorem præsentium inspecturis, tam præsentibus quam futuris. Princeps, cui sodalis est
æquitas et amica justitia, attentis debet providere consiliis ne rei gestæ memoria pereat,
et per oblivionis deffectum substantia puræ ve-
ritatis obberret. Sanè Raynaldus de Domibus,
Consul Cathalanorum in Regno Siciliæ, devo-
tus noster, tam pro se, quam cæteris de gente
Cathalanorum in eodem regno versantibus, Nobis humiliter supplicavit, ut cùm inclitus Rex
Jerusalem et Siciliæ Reverendus Dominus, et
genitor noster Cathalanis eisdem suas concesse-*

---

(1) Memorias historicas sobre la Marina Comercio y artes
de la Antigua Ciudad de Barcelona, par Capmany. Tom. II.
page 65.

*rit litteras , quas se asserunt casualiter amisisse ;
illas assumi de regestris Regiæ Curiæ ac annotari præsentibus , pro expedientis cautelæ suffra-
gio , benigniter mandaremus. Nos autem , quia
in Regestris ipsis , de mandato nostro debita
diligentiá perquisitis , ipsarum litterarum tenor,
velut subsequitur , est repertus ; præfati Ray-
naldi supplicationibus annuentes , formam præ-
dictarum litterarum , sicut de Regestris ipsis
assumpta est , de verbo ad verbum mandavimus
et fecimus pro expedienti cautela , ut præmit-
titur , præsentibus annotari , quæ per omnia
sunt continentiæ subsequentis : ═ Carolus Se-
cundus , Dei gratia , Rex Jerusalem et Siciliæ,
Ducatus Apuliæ , et Principatus Capuæ , pro-
vinciæ et Forcalquerii Comes , Universis præsentis indulti seriem inspecturis , tam præsentibus
quam futuris. Magnificentia Regis est multipli-
catio populi , et exaltatio Principis ampliatio
Regni : ad cujus considerationis intuitum mentem
libenter nostram et animum applicantes , Regni
nostri Siciliæ incrementa diligimus, et agregationes
in ipso fidelium gentium affectamus. Ecce quidem,
temporibus sæculi , et diebus annorum sua volubi-
litate currentibus , casus dedit , quòd Cathalanorum natio gens et lingua , cujus est Princeps
et Dominus atque caput Dominus Jacobus Rex*

13*

Aragonum, filius noster carrissimus, qui ad nos filialis zelo dilectionis inductus, super humeros suos suscepit guerræ negotium, et contra hostes nostros et rebelles Siculos, immò contra Fridericum de Aragonia fratrem suum, qui Insulam ipsam Siciliæ occupat, sudores bellicos et labores immensos subest et subiit indefessè, in ipsum Regnum Siciliæ declinarent, quæ post variorum cursuum gustatos eventus, dicti Regni nostri allectæ dulcedine, comisationem, comerciorum negotiationem diversorum, sive moram inibi elegerint : Verùm gens ipsa et natio cogitantes, quòd est necessarium advenis in alterius nationis zona seu patria sub certæ notitiæ distinctione manere; Majestati nostræ humiliter supplicarunt, ut observationis certæ capitula eis, ad remotionem omnis in posterum dubii, gratiose concedere dignaremur. Ad quod, pro intuitu et honore ipsius Regis Aragonum, qui nationem ipsam hucusque perduxit; ex mera benivolentiæ benignitate inducti, eis infrascripta concedimus de certa nostra scientia et gratia speciali, in primis : ut possint in terris famosis regni nostri prædicti Consulem habere perpetuum cum serviente de matza, qui in civilibus causis inter Cathalanos cognoscere valeat, et quòd si quis Cathalanus justitiam sibi fieri ab aliquo postulet Cathalano, non teneatur illi respondere in aliqua Curia, nisi coram Consule memorato, quòdque Consul ipse de injuriis citra sanguinem inter illos si agatur, civiliter, justitia mediante, cognoscat; possint etiam Consul ipse, notarius ejus, et unus tantummodo serviens arma impune defferre, prohibitione in contrarium non obstante.

Concedimus etiam, et sufficere volumus, quòd singuli Cathalani venientes per mare cum vassellis eorum ad terras dicti regni maritimas successive, fidejussore de non eundo vel non portando grassiam ad terras inimicorum nostrorum, sive Magistris Rationalibus magnæ Curiæ nostræ residentibus in loco applicationis eorum, sive dohannis dicti loci dent homines Cathalanos approbandos per hujusmodi Consulem, vel aliàs dent in fidejussorum ipsum Consulem, si sic maluerit. Præterea si aliquod ex vassellis eorum contingat pati naufragium, nullum jus penitus in eodem sibi volumus nostram Curiam quærere, nec patronum vaxelli sic naufragi, aut mercatorem alium Cathalanum, qui mercimonia vel arnesium habuerint, in eodem impetere vel vexare propterea quoquo modo. Concedimus quoque, quòd si quando inter Cathalanos brigam aut rixam in mari extra portum terræ vel loci prædicti Regni suboriri contigerit, rixosos hujusmodi nostri Officiales arrestent et capiant, et eos esse deinde constito Cathalanos, assignentur Cathalanorum

*Consuli, mittendi per ipsum ad Regem Arago-
num, et pro qualitate criminis puniendi, sine
præjudicio tamen et derogatione officii Regnii
Siciliæ Ammirati.*

*Cœterum, quia quicquid in rebus agatur hu-
manis mors omnia mordet, præsentis indulti tenore concedimus, ut si quando accidat in locis
et partibus dicti regni Cathalanum mori aliquem intestatum, cui hæredes aut successor le-
gitimus alius nullus appareat, bona ejus teneantur mense uno per Officiales nostræ Curiæ,
qui inibi fuerint, arrestata; et si infra dictum mensem appareat, vel aliquis creditor defuncti præfati, vel constet bona ipsa fore
nostræ Curiæ obligata, fiat inde quærentibus
justitiæ complementum; et si infra mensem ipsum nullus creditor appareat, vel non constet
bona ipsa esse nostræ Curiæ obligata, tratan-
tur eidem Consuli ad opus hæredum defuncti;
et insuper Consuli Cathalanorum ipsorum licere
concedimus, ut si quando eum à loco vel terra
Consulatus sui recedere vel abesse contigerit,
occasione servitiorum sive nostrorum sive dicti
Regis Aragonum, sive iminentium aliorum,
alium fidedignum in Consulem substituat et
ordinet loco sui, potestatem in terra, quam
ipse habeat, similem habiturum; ita tamen
quòd de voluntate et electione Cathalanorum*

ibi præsentium substitutio et ordinatio ipsa fiat.

Porrò si contingat interdum, quemquam de Cathalanis ipsis aliqua in terris et locis regni prædicti habere mercimonia, quæ forent nostræ Curiæ oportuna, nisi forsan essent sal, ferrum, azarum, pix, seta, aurum inurgis *vel* argentum *pro* sicla, *mercatori Cathalano videlicet, cujus erunt dicta mercimonia, præter illa, contra voluntatem ejus nullatenus auferantur, nisi pro illo valore vel pretio, quo privatis aliis vendi possent: ac si Officiales nostræ Curiæ mercatorem talem assignare mercimonia ipsa sua pro minori, quam vendi valeant, pretio arceat vel infestet; liceat dicto mercatori aliò mercimonia ipsa transferre quò libeat sine solutione aliqua juris Curiæ vel directus. In cujus rei testimonium, præsentes litteras nostras fieri, et pendenti Majestatis nostræ Sigillo jussimus communiri.*

Datum Neapoli, per Bartholomæum de Capua militem, Logothetam, et Protonotarium Regni Siciliæ. An. Domini millessimo ducentessimo nonagessimo nono, die octavo decimo Julii, duodecimæ Indictionis, regnorum nostrorum anno quintodecimo. In cujus rei testimonium præsentes litteras fieri, et pendenti Vicariæ Sigillo, quo utimur, jussimus communiri.

Datum Neapoli per manus præfati Domini Bartholomæi de Capua Logothetæ et Protonotarii Regni Siciliæ. Anno Domini millessimo trecentessimo octavo : die duodecimo Januarii, sexto Indictionis.

———

No. VI.

Extrait de différens traités, contenant des stipulations relatives aux Consuls.

ANGLETERRE.

ANGLETERRE ET ÉTATS-UNIS.

Traité de commerce du 19 Novembre, 1794.
Article 16.

IL sera libre aux deux parties contractantes de nommer respectivement des Consuls pour la protection du commerce, qui résideront dans les domaines et territoires ci-dessus mentionnés ; et lesdits Consuls jouiront des droits et franchises qui leur appartiennent en raison de leurs fonctions. Mais avant qu'aucun Consul puisse agir en cette qualité, il faudra qu'il soit reconnu et approuvé dans la forme d'usage, par la partie à laquelle il sera envoyé : et il est très-formellement déclaré qu'il est légitime et convenable que dans le cas d'une conduite illégale ou inconvenante, dirigée contre les lois du gouvernement par un Consul, il puisse être ou puni conformément à la loi, si la loi a prévu le cas, ou renvoyé de sa place, ou même du pays, pourvu que le gouvernement offensé donne a l'autre les raisons qui l'auront déterminé à en agir ainsi.

Chacune des deux parties contractantes pourra excepter de la résidence des Consuls, telle place particulière, où elle ne jugera pas convenable de les laisser demeurer.

ANGLETERRE ET FRANCE.

Traité de commerce du 26 Septembre, 1786. Article 45.

Il sera libre respectivement à Leurs Majestés, d'établir dans les royaumes et pays de l'une et de l'autre, pour la commodité de leurs sujets qui y négocient, des Consuls nationaux, qui jouiront du droit, immunité et liberté, qui leur appartiennent, à raison de leurs exercices et fonctions; et l'on conviendra dans la suite des lieux où l'on pourra établir lesdits Consuls, ainsi que de la nature et de l'étendue de leurs fonctions. La convention relative à cet objet, sera faite, immédiatement après la signature du présent traité, et sera censée en faire partie.

Convention du 7 Janvier, 1787. Article 6.

Leurs Majestés ayant statué par l'article XLIII; dudit traité, de déterminer la nature et l'étendue des fonctions des Consuls, " et qu'une convention relative à cet objet, serait faite, immédiatement après la signature du présent traité, et serait censée en faire partie; „ il est convenu qu'on rédigera cette convention ultérieure dans l'espace de deux mois; et qu'en attendant les Consuls-généraux, les Consuls et les vice-Consuls, se conformeront aux usages déja pratiqués, relativement aux Con-sulats dans les États respectifs des deux Souverains; et qu'ils auront tous les priviléges, droits et im-munités, que leur qualité suppose, et qui sont donnés aux Consuls-généraux, Consuls, ou vice-Consuls de la nation la plus favorisée.

ANGLETERRE ET MAROC.

Traité de commerce du premier Août, 1761. Article 7.

Il sera libre à Sa Majesté Britannique d'établir, un ou autant de Consuls qu'elle le jugera à-propos, dans les États de l'Empereur de Fez et Maroc, et ledit Consul, ou Consuls pourront résider dans tel port, ports ou places qu'il leur plaira, soit maritimes soit autres, appartenans ou situés

14.

sous la jurisdiction de l'Empereur de Fez et de Maroc ; et ledit Consul , ou Consuls seront traités avec le respect dû à leurs titres ou caractères ; **et** il leur sera permis , ainsi qu'aux autres sujets **de** Sa Majesté qui y résident , de jouir d'une entière liberté et exercice de leur religion , sans **le** moindre empêchement , reproche ou affront , soit verbal soit réel ; et il leur sera accordé une place convenable pour leur cimetière , contre lequel il ne sera point commis de violence ; et les susdits Consuls et facteurs pourront dépêcher à leur gré leurs agens et commis , avec la liberté d'aller de place en place , soit par mer , soit par terre ; il leur est permis de même de s'embarquer et d'aller à bord de tel vaisseau ou vaisseaux qu'il conviendra , pour traiter et contracter , soit dans le port , soit en route ; sans empêchement, contrainte ou limitation concernant leurs effets , et seront exemptés de tout danger de confiscation ou d'embargo , sous quel prétexte que ce soit ; et ledit Consul , ou Consuls, avec les autres sujets de Sa Majesté Britannique faisant le commerce , auront pleine liberté de quitter le pays quand il leur plaira , sans qu'il leur soit causé aucun empêchement ou molestation , soit pour leur personne , soit pour leurs effets. Et il est accordé de plus , que si quelque sujet de S. M. Britannique , résidant ou trafiquant dans les dominations de l'Empereur de Fez et de Maroc viendrait à mourir, le gouverneur de la place où ceci arrivera, sera obligé de veiller, à ce que tous ses biens et effets soient délivrés entre les mains du Consul de S. M. ; et au défaut d'un tel Consul, entre celles de quelque marchand anglais, qui les gardera et conservera à la diposition des héritiers ; mais ceci doit être entendu pour le cas, où le décédé n'aura point laissé d'associé ou d'amis, ou n'aura pas, avant de mourir, recommandé ses effets et ses dettes à quelque autre marchand chrétien (de quelle nation que ce soit); dans lequel cas le gouverneur ne s'en mêlera pas, au-delà d'interposer son autorité, pour veiller à ce que la volonté et le testament du défunt soit mis en exécution, comme pour le recouvrement de ses dettes, etc. ; et il est déclaré en outre, qu'aucun sujet de S. M. ne sera obligé de donner satisfaction pour d'autres dettes que celles qu'il a contractées lui-même, ou qui se trouveront sur son compte ; et que les sujets de l'Empereur de Fez et de Maroc, tant Maures que les Juifs, résidans dans les dominations du Roi de la Grande-Bretagne, jouiront des mêmes priviléges, accordés aux Anglais résidans en Barbarie ; et les domestiques des Consuls et autres sujets de Sa Majesté Britannique, de quelle nation qu'ils soient, soit Maures, soit autres, ne payeront pas la taxe, appelée capitation, ou quelque autre taxe.

Article 21.

Les sujets de Sa Majesté Britannique ne seront pas obligés de comparaître devant le magistrat du pays, pour être jugés, sous quelque prétexte que ce soit; et leur causes, procès ou différens qui pourraient survenir avec les Maures, ou quelques autres sujets vivant dans les États de l'Empereur de Fez et de Maroc, seront jugés et décidés uniquement par le gouverneur de la place et le Consul anglais.

ANGLETERRE ET TRIPOLI.

Traité de commerce du 19 Juillet, 1716. Article 4.

That the Tripoly ships of war, or any other vessels thereonte belonging, meeting with any merchant-ships, or other vessels of the King of Great Britain's subjects, (not being in any of the seas appertaining to any of his Majesty's dominions) may send on board one single boat, with two sitters, besides the ordinary crew of the rowers; and no more but the two sitters to enter any of the said merchant-ships, or any other vessels without the express leave of the comman-

der of every such ship or vessel; and then, upon producing to them a pass under the hand and seal of the Lord High Admiral of England, or the commissioners for executing of the said office; the said boat shall presently depart, and the merchant-ship, or ships, vessel or vessels, shall proceed freely on her or their voyage. And though the commander or commanders, of the said merchand-ship or ships, vessel or vessels, produce no pass from the Lord High Admiral of England, or etc. yet, if the mayor part of the ships or vessels company be subjects to the said King of Great Britain, the said boat shall presently depart, and the merchant-ship or ships, vessel or vessels shall freely proceed on her or their voyage; and any of the said ships of war, or other vessel of his said Majesty, meeting with any ship or ships, vessel or vessels, belonging to Tripoly, if the commander or commanders of any suchs ship or ships, vessel or vessels, shall produce a pass, signed by the Chief Governors of Tripoly, and a certificate from the English Consul residing there; or if they have no such pass or certificate, yet if the mayor part of their ships company or companies be Turks, Moors, or slaves belonging to Tripoly, then the said Tripoly ship or ships vessel or vessels, shall proceed freely.

Article 9.

That if any subject of the King of Great Britain happens to die in Tripoly, or its territories, his goods or monies shall not be seized by the Governors or Ministers of Tripoly, but shall all remain with the English Consul.

Article 10.

That neither the English Consul, nor any other subject of the said King of Great Britain, shall be bound to pay the debts of any other of his Majesty's subjects unless they become surety for the same by a public act.

Article 11.

That the subjects of his said Majesty in Tripoly, or his territories in matter of controversy, shall be liable to no other jurisdiction but that of the Dey or Divan, except they happen to be at difference between themselves in which case, they shall be liable to no other determination but that of the Consul only.

Article 12.

That in case any subject of his Majesty, being in any port of the Kingdom of Tripoly, shall happen to strike, kill or wound a Turk or Moor, if he be taken, he is to be punished in the same manner, and with no greater severity, than a Turk ought to be, being guilty of the same offence; but if he escape, neither the said English Consul, nor any other of his said Majesty's subjects, shall be in any sort questioned or troubled, on that account.

Article 13.

That the English Consul now, or at any time hereafter, residing at Tripoly, shall be there at all times with intire freedom and safety of his person and estates, and shall be permitted to choose his own interpreter, and broker, and freely go on board any ship in the road, as often and when he pleases: and to have the liberty of the country; and that he shall be allowed a place to pray in, and that no man shall do him any injury in word or deed.

Article 14.

That not only during the continuance of this peace and frindship but likewise if any breach or war happen to be hereafter, between the said King of Great Britain and the city and Kingdom of Tripoly, the said Consul, and all other his Majesty's Subjects inhabiting in the Kingdom of Tripoly, shall always, and at all times, both of peace and war, have full and absolute liberty to depart, and go to their own country, or any other , upon any ship or vessel , of what nation soever they shall think fit and carry with them all their estates , goods , families , and servants , though born in the country, without any interruption on hinderance.

Article 17.

That when any of his Majesty's ships of war shall appear before Tripoly , upon notice thereof given by the English Consul , or by the commanders of the said ships , to the chief governors of Tripoly , public proclamation shall be immediately made, to secure the Christian captives : and if , after that , any Christians whatsoever make their escape, on board any of the said ships of war, they shall not be required back again , nor shall the said Consul or commander , or any other his Majesty's Subjects , be obliged to pay any thing for the said Christians.

Article 18.

That all merchant ships coming to the city and Kingdom of Tripoly (though not belonging to Great Britain) shall have free liberty to put themselves under the protection of the British Consul , in selling and disposing of their goods and marchandize , if they shall think proper, without any hinderance or molestation.

Article 19.

That at all times, when any ship of war, of the King of Great Britain etc. carryng his said Majesty's flag, appears before the said city of Tripoly, and comes to anchor in the road immediately after notice thereof given by his said Majesty's Consul, or officer from the ship, unto the Dey and governement of Tripoly, they shall in honour to his Majesty cause a salute of twenty seven cannon to be fired from the castle and forts of the city; and that the said ship shall return an answer, by firing the same number of cannon.

AUTRICHE.

AUTRICHE ET ALGER.

Traité de paix du 8 *Novembre* 1748,

Article 13.

Se qualche Mercante, o altro Suddito di S. M. I. verrà morire in Algeri, o in altra parte del Regno, nessuno de' Superiori, o altra persona potrà prender possesso del denaro, beni, e robe del Defunto, in verun modo; e se egli avanti la morte avrà costituito un' Erede, nessun' altra Persona, eccetto che esso, potrà impadronirsi di minima porzione delle sue robe , effetti , e contanti ; quando però l'Erede sarà assente , l'Esecutore testamentario instituito dal Defunto prenderà la roba , e gli effetti, senza permettere , che alcuno ne levi la minima parte ; l'Esecutore testamentario , o altra persona sostituita dal Defunto , farà l'inventario del denaro, o robe , e le prenderà in custodia , e quando converrà consegnarle , le farà pervenire alla persona Erede , ed a questo veruno si opporrà ; in caso che veruna delle dette persone sarà presente , il Console imperiale allora farà l'inventario del denaro , ed effetti del Defunto , li prenderà , et li terrà in custodia fino all' arrivo de' Parenti , o Eredi.

Article 15.

Se un suddito di S. M. Imp. sarà in lite con un Mussulmano , o persona della dipendenza di Algeri , la loro causa sarà decisa nella presenza del Felice Bey , ed Inclito Divano e non da altra persona ; ma se la controversia sarà tra i Sudditi di S. M. Imp. il Console Imperiale allora deciderà sopra della medesima.

Article 16.

Dandosi il caso , che qualche Suddito Imperiale facendo rissa con qualche Mussulmano , l'uno ferisca, o ammazzi l'altro, il reo verrà punito a tenore delle Leggi del suo Paese , cioè come si costuma in altri ; ma se un Suddito Imperiale ammazzerà un Mussulmano. e dopo il fatto si salverà colla fuga, non ne sarà in verun modo attribuita la colpa al Console Cesareo in Algeri , nè ad altra persona suddita di S. M. Imp. nè sarà perciò molestata.

Article 17.

Il Console Imperiale potrà ora, ed in avvenire con tutta sicurezza, e tranquillita vivere senza timore di alcuna offesa ; nessuno fara danno alla sua persona , nè a' suoi effetti ; prendera a suo piacimento il Dragomano , e Sensale , e quando vorrà andare a bordo a qualche Bastimento , o uscire di Porto , nessuno gli darà impedimento , come anche gli verrà assegnato un luogo per esercitare la sua religione , e potrà avere di permanenza il suo necessario religioso per le funzioni. Li Sudditi Imperiali, che si trovano schiavi in Algeri , tanto quelli del Pubblico , quanto de' Particolari , non saranno impediti, nè dal Capo Guardiano , nè da Padroni loro di andare all' alloggio del Console, per esercitare li riti della Religione.

AUTRICHE ET RUSSIE.

Édit de l'Impératrice de Russie, du 1er Novembre 1785.
Article 19.

Nous ordonnons que les Consuls que S.M. l'Empereur des Romains aura établis dans nos Etats pour l'avantage de ses sujets commerçans , y jouissent de toute la protection des lois; et quoiqu'ils n'y pourront exercer aucune sorte de jurisdiction , ils pourront néanmoins être choisis du gré des parties pour arbitres de leurs différends ; mais il sera toujours libre à ces mêmes parties, de s'adresser de préférence à nos tribunaux auxquels lesdits Consuls, en tout ce qui concerne leurs propres affaires, seront également subordonnés.

Article 26.

Les biens meubles et immeubles , délaissés par la mort des sujets Autrichiens dans nos états, passeront librement et sans obstacle quelconque aux personnes qu'ils auront instituées leurs héritiers par testament, ou qui seront appelées à leur succéder *ab intestat*, suivant les lois et les constitutions des pays respectifs , lesquelles pourront en conséquence prendre tout de suite possession de l'héritage , ou par eux-mêmes, ou par procuration, aussi bien que les exécuteurs testamentaires, s'il y en avait de nommés par le défunt ; et lesdits héritiers disposeront

ensuite à leur gré de l'héritage qui leur sera échu,
après en avoir acquitté les différens droits, établis
par les lois de notre Empire.

Et au cas que les héritiers étant absens ou mineurs, n'auraient pas pourvu à faire valoir leurs
droits, alors nous ordonnons, que toute la succession soit inventoriée par un notaire public en présence du juge ou des tribunaux du lieu, accompagné
du Consul Autrichien, s'il y en a un dans le même
endroit, et de deux autres personnages dignes de
foi, et déposée ensuite dans quelque établissement
public, ou entre les mains de deux ou trois marchands, qui seront nommés à cet effet par ledit
Consul, ou à son défaut, entre les mains de ceux
qui d'autorité publique y auront été désignés, afin
que ces biens soyent gardés par eux et conservés
pour les légitimes héritiers et véritables propriétaires. Et supposé, qu'il s'élevât une dispute sur un
pareil héritage entre plusieurs prétendans, alors les
juges de l'endroit, où les biens du défunt se trouveront, décideront le procès par sentence définitive,
selon les lois établies.

*Édit de l'Empereur d'Autriche du 12 Novembre, 1805,
Article 21.*

Die von Ihrer Russisch-Kaiserlichen Majestät
in unsern Erbländern zum Behuf Ihrer handelnden

Unterthanen aufgestellten Konsuln sollen sich in
allen Stücken des Schutzes der Gesetze zu er-
freuen haben. Und ob ihnen gleich keinerley
Art von Gerichtsbarkeit darin auszuüben zusteht,
so können sie dennoch von den Parteien zu
Schiedsrichtern ihrer Streitsachen freywillig ge-
wählet werden; doch wird es diesen Parteien je-
derzeit frey bleiben, sich vorzüglich an unsere
Gerichtsstellen zu wenden, welchen übrigens auch
gedachte Konsuln selbst in allen ihren eignen
Angelegenheiten untergeordnet seyn werden.

Article 28.

Das von russischen Unterthanen bey ihrem Ab-
sterben in den Erbländern hinterlassene beweg-
liche und unbewegliche Vermögen soll denjenigen Personen frey, und ohne Anstand zufallen,
welche zur Erbschaft entweder durch die letzt-
willige Verordnung derselben, oder *ab intestato*,
nach Maassgebung der in einem jeglichen Lande
bestehenden Gesetze und Satzungen berufen sind.

Diesem zufolge können sie die Erbschaft ohne
weiters entweder selbst, oder durch Sachwalter
antreten, welches ebenfalls von denjenigen, die
etwan der Erblasser zu Testaments-Executoren
ernannt hätte, zu verstehen ist. Wonach die ge-
dachten Erben, wenn sie die verschiedenen lan-
desgesetzlichen Gebühren davon entrichtet haben,

mit dem ihnen zugefallenen Erbtheile nach Wohl-
gefallen schalten mögen.

In dem Fall aber, dass diese Erben, Abwe-
senheit oder Minderjährigkeit halber, ihr Erb-
recht geltend zu machen keine Vorkehrung ge-
troffen hätten, verordnen wir, dass alsdann ein
förmliches Inventarium über die ganze Verlassenschaft durch einen öffentlichen Notarius, in Ge-
genwart des Richters oder der Gerichtsstelle des
Ortes, und mit Beyziehung des russischen Kon-
suls, wenn einer daselbst vorhanden ist, wie auch
zweyer anderer glaubwürdiger Personen, verfer-
tiget, nachher aber diese Verlassenschaft entweder in einem öffentlichen Verwahrungsort beyge-
legt, oder in die Hände zweyer oder dreyer von
erwähntem Konsul zu benennender Handelsleute,
oder endlich, wenn kein Konsul zugegen wäre,
denjenigen Personen, welche die Obrigkeit dazu
ausersehen wird, zu dem Ende übergeben werde,
damit sie dasselbe aufs beste verwahren, und dem
rechtmässigen Erben und Eigenthümer aufbehalten.
Wird aber eine solche Erbschaft von mehrern an-
gesprochen und streitig gemacht, so hat die Ge-
richtsobrigkeit des Orts, in welchem die Verlassenschaft gelegen ist, die darüber erhobene Streit-
sache im Wege Rechtens, den Landesgesetzen ge-
mäss zu entscheiden.

16

AUTRICHE ET TRIPOLI.

Traité de paix du 27 Janvier 1749.
Article 8.

Resterà presso la Reggenza di Tripoli un Console
Imperiale per trattare gli affari, e dare i certificati,
il quale deciderà le liti, che verteranno tra' Sudditi imperiali, ed avrà, a forma, che praticasi
alla *Fulgida Porta* il posto, e la precedenza sopra
tutti gli altri Consoli, e goderà l'immunità e cor-
tesie costumate.

Article 10.

Se un Suddito Imperiale percuoterà, o ferirà un
Mussulmano, e sarà preso, il Console lo proteg-
gerà; e secondo che costerà esser colpevole e reo,
verrà meritevolmente gastigato in presenza del
Console; ma se il delinquente fuggirà, non verrà
il Console molestato, per farlo comparire al
Tribunale.

AUTRICHE ET TUNIS.

Traité de paix du 23 Décembre 1748.
Article 9.

Il Console Imperiale goderà tutti i privileggi, e
distinzioni conformi all' alto grado della dignità
Imperiale: e nascendo dispute, e controversie frà

i Sudditi delle *Loro Maestà Imp.* spetterà al medesimo il giudicarne, e deciderne; ma quando uno di detti Sudditi avrà contesa con un Mussulmano, sarà la lor lite decisa in presenza del Bascià; e se uno di loro ferirà, o ucciderà un Mussulmano, o commetterà azione illecita, e criminale, sarà giudicato secondo le leggi del Paese, de' suddetti delitti.

Quando il Bascià vorrà mandare nelli Stati Imperiali qualche suo commesso, sarà ricevuto con segni di amicizia, e cortesia, senza che alcuno li faccia danno, o li cagioni incomodo; e se un Suddito Imperiale fuggirà dal Regno di Tunis con debito contratto con persone del Paese, il Console Imperiale, quando non sia mallevadore, non sarà tenuto al pagamento.

Article 11.

Morendo qualche Suddito Imperiale nel Regno di Tunis, il suo Erede prenderà possesso dell' Eredità, ed in caso, che non vi sia l'Erede, il Console Imperiale ne prenderà il possesso, senza che altri possino ingerirsene.

AUTRICHE ET TURQUIE.

Traité de paix du 27 Mars 1747.

Article 4.

Per maggior quiete, e sicurezza dei mercanti Cesarei, e vantaggio del commercio, Sua Sacra Romano-Cesarea Maestà per mezzo del suo Ministro Cesareo, o Granducale alla Porta Ottomana, possa con suoi decreti creare, e stabilire Consoli, Viceconsoli, o Interpreti in tutte le Scale, ed Isole del Mediterranneo, e per tutto altrove nelli Stati Ottomani, dove si tengono simili Consoli, o Interpreti da altre estere Nazioni. Se poi in qualche luogo, ove sin' adesso non vi fosse mai stato, fosse necessario mettervi alcun Console, o Interprete, si rappresenti ciò alla Porta Ottomana dalli ministri della Cesarea Maestà, e se ne verrà data licenza, spediscano al detto Console, o Interprete, li convenienti diplomi, affinchè possa essergli dato ogni ajuto, assistenza e protezione più opportuna dalli ministri dell' Impero Ottomano, e dagli Officiali dei rispettivi luoghi. In qualunque luogo dell' Impero Ottomano venisse a morte alcuno dei Negozianti Cesarei-Gran-Ducali, non sia fatta veruna ingiuria, o molestia col metter le mani sopra li suoi effetti, ma siano questi interamente ricevuti dalli ministri Cesarei-Gran-Ducali, o loro

Deputati. In virtù di quest alma capitolazione li Consoli della della Sacra Cesarea Maestà , li Vice-consoli , Interpreti e mercanti suoi sudditi , li pro-curatori e servitori esistenti al loro attual servizio non siano mai molestati coll' esazioni di tributi, o di alcun altra imposizione. Per sfuggir le liti , li sudditi della Sacra Romano-Cesarea Maestà , li Consoli, Interpreti mercanti , ed uomini di loro servizio in tutti li loro negozj di compre, e vendite mallevadorie , ed altre cose appartenenti al com-mercio vadano dal giudice , ed insinuino nel di lui protocollo giudicale, li contratti, o altri negozi da farsi , ritirandone dal medesimo le lettere giu-diziali, dette communemente *Noget*, o altre polizze in valida forma. Dipoi se nascesse difficoltà, si veg-gano le dette lettere giudiziali, o polizze , e si proceda secondo la legge e la giustizia. Li gover-natori , ed altri prefetti delle Provincie Ottomane non presumano di far mettere in prigione sotto pretesto di accusa, o di altro , veruno dei predetti Uomini Cesarei, o di dar ad essi senza causa la minima molestia, o ingiuria. Se poi alcuno di loro dovesse stare in giudizio in qualche Tribunale Ot-tomano , comparisca di ordine dei Consoli , e per opera degl' Interpreti ; ma se fosse necessario metterlo in carcere, s'iscarceri dalli predetti Con-soli o interpreti , se daranno idonea mallevadoria per la persona. Se un mercante Cesareo sarà debitore di qualche cosa ad alcuno, il creditore gli domandi ciò, che ha da avere, a tenore della legge per via dei Consoli, Viceconsoli o Interpreti, e contro la giustizia non esiga da nessun' altro. Sia permesso a tutti li sopranominati Consoli, Viceconsoli, interpreti, mercanti, loro domestici, e servitori nelle proprie abitazioni il libero esercizio della religione cattolica romana. Nascendo lite, o controversie contro li Consoli Cesareo-Gran-Ducali, Viceconsoli, interpreti, loro domestici, e mercanti, se questa passerà la somma di tremila Aspri, non si possa decidere nei tribunali privati, ma debba rimettersi al giudizio della Porta Ottomana, conforme si costuma coll' altre libere nazioni. Se poi nascesse lite trà li mercanti Cesarei-Granducali, si esamini, e decida dalli Consoli, ed interpreti secondo le leggi, e loro soliti statuti, e nessuno in ciò dia loro impedimento; nessuna nave dei predetti mercanti sul punto di partire, possa essere trattenuta per alcuna lite che nasca; ma la lite, o controversia si decida prontamente per via dei Consoli, agenti ed interpreti; e se alcuno delli detti Uomini Cesarei fosse tenuto per qualunque cagione comparire nel Giudizio Ottomano in Costantinopoli, questi, se sia assente, l' interprete non sarà obbligato di comparire altrimenti al prefato Giudizio. In qualunque luogo dell' Impero Ottomano vadano li mercanti Cesarei-

Gran-Ducali, non sieno mai molestati con domande di donativi alli Governatori delle provincie, dalli Prefetti di quei Regni, dalli Giudici, o da qualsivoglia altro Uffiziale.

DANEMARCK.

DANEMARCK ET ALGER.

Traité de commerce du 16 Mai, 1772.

Article 13.

Si quelque marchand ou sujet Danois vient à mourir à Alger ou dans d'autres endroits soumis à sa domination, alors ni le Dey, ni quelqu'autre n'occupera quelque chose du défunt, ni de ses biens, et si celui-ci a institué quelque héritier ou exécuteur, alors tout son héritage lui sera livré; s'il est présent, il pourra s'en mettre en possession et en faire un inventaire et compte parfait à celui à qui il appartiendra, sans que quelqu'un lui fasse d'obstacle; mais si quelqu'un desdits sujets mourait subitement sans laisser quelque testament, et que l'héritier légitime ne soit pas présent, alors le Consul danois le prendra sous ses soins, selon un inventaire légal , jusqu'à ce qu'il ait reçu des pouvoirs des héritiers légitimes.

Article 17.

Le Consul actuel ou futur vivra dans toute manière en paix et sûreté sans être troublé , tant par égard à sa personne que par rapport à ses effets. Il aura le pouvoir de nommer son interprète et ses agens , de s'embarquer sur quelque vaisseau qui lui semblera bon , et d'aller où il lui plaira ; il lui sera aussi permis d'avoir un prêtre chez lui pour exercer la religion chrétienne , tant pour sa propre satisfaction que pour celle des autres Danois qui se trouveront à Alger ; il sera également permis à tous les esclaves de ce culte de s'y assembler pour le service divin , et on ne les en empêchera pas , soit par leurs patrons , en cas qu'ils appartiennent aux particuliers , soit par le *guardian-bachy.*

Article 18.

Le Consul et tous les autres sujets danois qui pourront séjourner à Alger , auront la permission , non-seulement pendant la paix , mais même s'il arrivait quelque guerre entre le Roi et la République, de s'en aller quand il leur plaira , et de s'embarquer sur un vaisseau , soit grand ou petit, comme bon leur semblera , d'emporter avec eux dans le lieu qu'ils choisiront tous leurs biens , parens et domestiques , sans que personne ne les en empêche sous prétexte quelconque.

Article 20.

Quand un vaisseau de guerre danois mouillera à la rade d'Alger et que le Consul l'aura annoncé au Dey , celui-ci saluera ledit bâtiment avec vingt-un coups de canon de la citadelle , auxquels on répondra par le même nombre.

Article 21.

Toute la provision dont on aura besoin pour l'économie du Consul , ne payera, aucun droit quelconque.

DANEMARCK ET GÊNES.

Traité de commerce du 30 *Juillet ,* 1789. *Article* 31.

Lorsqu'un sujet de l'une des deux parties contractantes viendra à décéder dans les Etats de l'autre , sans avoir fait de testament , et sans avoir nommé des exécuteurs testamentaires, le Consul ou vice-consul de sa nation fera faire fidèlement l'inventaire de tous les biens et effets , meubles et immeubles , par un notaire public en présence du juge ordinaire , et de deux négocians de sa nation ; et à leur défaut, de deux autres négocians qui s'y

porteraient par amitié pour la famille du défunt, ou
à la persuasion du Consul, pour être ainsi gardés
exactement à la disposition des héritiers absens, ou
mineurs, quoique présens; et en faveur des créanciers, qui auraient de justes prétentions contre le
défunt.

Article 32.

Dans les endroits, où il n'y aurait ni Consul ni
vice-consul de la nation du défunt, le chef-magis-
trat du lieu fera former avec le concours de deux
négocians de la nation du défunt, et à leur défaut,
de deux autres négocians, qui par lui seront réquis
à cet acte, l'inventaire, dont la formation est réglée
par l'article précédent. En ce cas le magistrat du lieu
est censé représenter purement le Consul de la nation du défunt, et l'acte rempli par lui seul en cette
occasion, ne changera rien à toutes les dispositions
du précédent article XXXI, ni ne pourra introduire
aucune autre formalité ou procédure judiciaire dans
la récupération de l'héritage par les héritiers légitimes, tant absens, que présens mineurs ou majeurs.

Article 33.

On proposera respectivement de part et d'autre
(non dans les petits ports et places de peu d'importance, mais dans les ports et places de commerce les
plus considérables) des Consuls ou vice-consuls,

qui n'auront de prérogatives, de priviléges et droits, qu'autant qu'il plaira aux puissances contractantes de les accorder, étendre et restreindre; ainsi qu'il se pratique avec les nations les plus favorisées à cet égard,sans qu'ils puissent dans aucun tems s'attribuer la jurisdiction contentieuse et coactive. Leurs devoirs respectifs consisteront à faire jouir paisiblement les sujets des concessions accordées et convenues par les hautes parties contractantes. Une attention qui n'est pas de moindre conséquence, et qu'ils auront continuellement devant les yeux, sera d'assoupir à l'instant, si faire se peut, toutes querelles et disputes, et d'accommoder à l'amiable les contestations des parties, qui seront convenues de bon gré entre elles d'en passer par leur arbitrage. On pourvoira aussi à ce que de part ni d'autre, les droits et honoraires desdits Consuls, ou vice-consuls, ne deviennent excessifs et à ce que ceux-ci observent toute attention, circonspection, justice et équité; pour que les sujets des deux puissances ne se dégoûtent pas de retourner dans les ports respectifs, et d'y continuer une correspondance tant souhaitée.

17*

DANEMARCK ET MAROC.

Traité de commerce du 25 Juillet, 1747. Article 14.

S'il arrive un différend entre un Maure et un Danois, l'Empereur en décidera ; ou bien le gouverneur de la place où cela arrivera, en présence du Consul qui défendra sa cause de son possible.

Article 15.

Ledit Consul aura sa résidence à Salé, tout le temps qu'il voudra, à la maison où le Consul Barisien faisait son domicile, sans que personne le force d'en sortir pour faire sa demeure à une autre place ; ledit Consul aura pouvoir d'envoyer des vice-consuls, dans les ports de l'Empire de Maroc où il jugera à propos, qui auront force et pouvoir ; ils seront respectés et protégés tout comme lui ; ledit Consul a pouvoir de les chasser après et en nommer d'autres à leur place sans que personne puisse lui en empêcher. La maison dudit Consul, comme les maisons des négocians Danois, seront respectées et protégées, sans que personne puisse les molester, vû qu'ils sont sous la protection et la bonne foi de l'Empereur, leurs servantes et domestiques seront libres de toutes les taxes du gouvernement ; et s'il arrive un différend entre quelques Danois, soit qui que ce soit, ledit Consul en décidera, et aucun autre, sans que per-

sonne s'y mêle. Si quelque Danois venait à mourir,
qui que ce soit n'aura rien à voir ni à se mêler de
ses affaires, sinon que le Consul ou qui pour lui sera,
en disposera comme il jugera à propos. Ledit Consul peut avoir dans sa maison un endroit pour faire
l'office divin, et si quelqu'un des autres chrétiens
voulait y assister, on ne pourra y mettre obstacle ni
empêchement ; et tout ce qui lui viendra d'Europe,
soit provisions de bouche, hardes, meubles pour
l'usage de sa maison, ne payeront aucun droit
d'entrée.

DANEMARCK ET RUSSIE.

Traité de commerce du 19 *Novembre* 1782. *Article* 24.

Puisqu'il sera libre aux deux puissances contractantes d'établir, pour l'avantage du commerce
de leurs sujets, des Consuls dans les états de leur
domination réciproque ; elles sont également convenues entr'elles que les sujets respectifs pourront,
dans tous leurs procès entr'eux et autres affaires, et
du propre consentement s'entend des parties, recourir aux jugemens de leurs propres Consuls ; et
que non-seulement les décisions des derniers seront parfaitement valables et légales, mais qu'ils
pourront aussi, pour les faire exécuter, demander
en cas de besoin, main forte aux tribunaux du

lieu. Mais toutes les fois que les deux parties en litige ne voudront pas avoir recours à l'autorité de leurs propres Consuls, elles pourront s'adresser aux tribunaux ordinaires du pays où elles sont domiciliées, lesquels tribunaux auront soin de leur rendre la plus prompte et exacte justice, selon les lois et réglemens établis par ces tribunaux, et il sera libre, dans l'un et l'autre cas aux sujets respectifs de choisir, pour plaider ou soigner leur cause, tels avocats, procureurs ou notaires que bon leur semblera, pourvu qu'ils soient avoués par le gouvernement ou les tribunaux établis pour cela.

Article 25.

Les susdits Consuls, en qualité d'officiers d'une Puissance amie et alliée pourront ainsi, et du mutuel consentement des deux hautes parties contractantes, vider les disputes et juger les procès des négocians de leur nation ; mais ils n'en seront pas moins subordonnés eux-mêmes, et en tout ce qui concerne leurs propres affaires, aux lois et tribunaux du pays où ils seront établis.

ESPAGNE.

ESPAGNE ET ALGER.

Traité de paix du 14 Juin 1786. Article 10.

Il résidera à Alger un Consul d'Espagne avec toutes les mêmes prérogatives dont jouit celui de France, pour prendre connaissance de toutes les affaires des Espagnols, de la même manière que celui de France prend connaissance des affaires des Français; et il exercera toute jurisdiction dans les différens qui s'éleveront entre des Espagnols, sans que les juges de la ville d'Alger puissent en prendre connaissance.

Article 11.

Il sera libre à tous les Espagnols dans le royaume d'Alger d'exercer la religion chrétienne, tant en l'hôpital royal espagnol des religieux Trinitaires de la rédemption en la ville d'Alger, que dans toutes maisons des Consuls ou vice-consuls, qu'il sera dans la suite nécessaire d'établir en d'autres endroits.

Article 12.

Il sera permis au Consul de choisir lui-même
son drogoman (ou interprête) et son courtier ou
homme d'affaires , ainsi que de passer librement à
bord des bâtimens espagnols à la rade , toutes les
fois qu'il le jugera convenable : il arborera le pavillon espagnol sur sa chaloupe ; et il pourra le
mettre également sur sa maison.

Article 13.

S'il s'élevait quelque dispute ou différend entre
un Espagnol et un Turc ou un Maure, ce différend
ne pourra être jugé par les juges ordinaires de la
ville , mais uniquement par le conseil des magni-
fiques Baxa-Dey , Divan et Milice de la ville et
royaume d'Alger , en présence du Consul , ou bien
par le commandant dans les ports autres qu'Alger :
on accordera ce différend selon la justice , et l'on
effectuera une reconciliation entre les parties.

Article 14.

Le Consul d'Espagne ne sera point , par son
emploi , responsable des dettes des négocians et
autres individus espagnols , à moins qu'il ne se
soit engagé pour elles par écrit : et les biens des
Espagnols qui viendront à mourir à Alger , seront
remis à la disposition du Consul d'Espagne , pour

qu'il les fasse tenir aux Espagnols ou autres personnes, à qui ils appartiendront : et l'on observera la même chose en Espagne, en faveur des Algériens, qui voudront s'y établir.

Article 15.

Le Consul d'Espagne à Alger jouira de l'exemption de tous droits, pour ce qui regarde les provisions et autres effets quelconques, nécessaires à l'entretien de sa maison.

ESPAGNE ET ÉTATS-UNIS.

Traité du 27 Octobre 1795. Article 19.

Il sera établi réciproquement des Consuls, avec les priviléges et l'autorité dont jouissent ceux de la nation la plus favorisée dans les ports où résident leurs Consuls, ou bien où ils ont la permission de séjourner.

ESPAGNE ET FRANCE.

Convention du 2 Janvier 1768. Article 6.

Les Consuls, vice-consuls, députés, etc. étant les interprètes de la nation qu'ils représentent, il a été ci-devant décrété qu'ils devraient accompagner les capitaines, maîtres et patrons dans tout

ce qu'ils auront à faire pour le manifeste de leurs
marchandises, dépêche de patentes et lettres de
mer: comme aussi les ministres de douane lorsqu'ils doivent aller à bord des bâtimens pour y
pratiquer la visite de *fondeo*; on est en conséquence convenu que l'on observera cette pratique
sans restriction ni omission; qu'en outre, aucun
juge du pays ne pourra prendre la déclaration d'un
capitaine, patron ou autre que ce soit de l'équipage d'un bâtiment, sans que le Consul y soit présent, parce que c'est le seul moyen d'éviter toute
espèce de surprise et de désagrément, et d'obtenir
que la justice s'administre sans opposition; car il
est prescrit par les ordonnances à tous les navigateurs d'obéir aux Consuls, et de les respecter
comme leurs supérieurs immédiats, le tout conformément à l'article VI du Traité de 1725, bien
entendu qu'on devra indiquer une heure précise
au Consul, et que s'il tardait à intervenir lui-
même, ou à envoyer une personne qui le représente, l'obligation portée par cet article sera censée
remplie, puisque ce sera sa faute de n'avoir pas
assisté auxdites procédures.

Convention sur les fonctions du Consul du 13 *Mars* 1769.
Article 1er.

Les Consuls doivent être admis et reconnus réciproquement, après avoir représenté le diplôme,

chacun de son Souverain , et obtenu l'approbation de l'autre , et exhibé ces deux documens au gouverneur ou magistrat du lieu où il doit servir , comme cela s'est fait, ou a dû se faire jusqu'à présent.

Article 2.

Les Consuls étant sujets des Princes qui les nomment , jouiront des immunités personnelles ; de sorte qu'ils ne pourront être arrêtés , ni mis en prison , excepté pour des crimes atroces , ni en cas que lesdits Consuls fussent négocians , car alors cette immunité personnelle doit s'entendre de ce qui regarde des dettes ou d'autres causes civiles , qui ne sont pas criminelles , ou quasi criminelles , ou qui ne proviennent pas du commerce , qu'eux-mêmes ou leurs dépendans exercent ; mais ils ne doivent pas manquer aux attentions dûes aux gouverneurs et aux autres personnes qui représentent le Roi et la magistrature. Ils seront exempts de la charge de donner des logemens aux gens de guerre, hormis les cas d'une nécessité absolue et lorsque toutes les maisons de la ville sont occupées. Ils ne seront non plus sujets aux tributs et services personnels , et il leur sera permis de porter l'épée et le bâton , pour ornement extérieur de leurs personnes. Il leur est permis de mettre au-dessus de la porte de leur maison un Quadre , sur lequel un vaisseau soit peint avec l'inscription qui veut dire : *Consul d'Espagne* ou *Consul de France ;* bien entendu que cette enseigne ne pourra jamais être interprêtée comme un droit d'asile, ni capable de soustraire la maison ou ses habitans, des perquisitions des magistrats du pays, mais seulement comme marque indicative de la demeure du Consul pour les mariniers et autres nationaux. Il n'est pas permis de toucher ou saisir les papiers des Consuls sous quelque prétexte que ce soit, à moins que le Consul ne soit négociant, car en ce cas, pour ce qui regarde les affaires de son commerce, l'on agira avec lui conformément aux traités par rapport aux négocians étrangers passagers. Et quand le magistrat du lieu aura besoin de prendre déclaration juridique du Consul, on la fera par la voie du tribunal de guerre, s'il y en a, ou s'il n'y en a point, par la magistrature ordinaire et le gouverneur, ou le juge ordinaire doit envoyer préalablement un message de politesse au Consul, pour l'avertir de la nécessité où il se trouve d'aller à sa maison, pour prendre quelques déclarations convenables pour la police et l'administration de la justice ; mais le Consul ne pourra retarder l'exécution de telles démarches, ni s'excuser, ni en marquer le jour et l'heure.

Article 3.

Les Consuls peuvent nommer des vice-consuls pour différens endroits de leur département ; mais ceux-ci doivent aussi avoir l'approbation du Souverain du territoire, et l'ayant obtenue et présenté ces deux patentes au gouverneur, ou au magistrat du lieu où ils doivent servir, ils seront reconnus pour vice-consuls : il leur sera également permis de porter le bâton et l'épée. Pour ces emplois on ne peut les donner aux natifs du pays, conformément aux ordonnances établies sur ce sujet et à ce qui est convenu de part et d'autre.

Article 4.

Les Consuls et les vice-consuls pourront aller à bord des vaisseaux de leur nation, après qu'ils seront admis, faire des questions aux capitaines et à l'équipage, vérifier leurs listes, prendre des déclarations sur leur navigation, destination et les évènemens qui leur sont arrivés, les accompagner à la douane et chez les ministres et officiers du pays, pour leur servir d'agens et d'interprètes dans leurs affaires. Et comme il est décidé que le magistrat, les gardes ou officiers de la douane ne peuvent aller à bord d'aucun vaisseau, sans être accompagnés du Consul ou du vice-consul, ceux-ci doivent être particulièrement avertis de ne pas manquer l'heure ni l'endroit que le magistrat et les juges de la douane indiqueront lorsqu'ils se trouvent dans le cas d'aller à bord en compagnie du Consul ou vice-consul, et s'ils manquent, l'on ne les attendra pas.

Article 5.

Les Consuls et les vice-consuls ne se mêleront des vaisseaux de leur nation, que pour accommoder à l'amiable les mariniers, par rapport au temps de leur service, frêt et salaire. Ils ne se mêleront non plus d'une autre manière des différends qui s'élèvent entre leurs compatriotes passagers ; c'est-à-dire, lorsque ceux-ci veulent s'accorder, de sorte que chacun, soit capitaine, marinier ou passager, conservera le droit naturel de recourir à la justice du pays, en cas qu'il se trouve préjudicié ou opprimé par le Consul ou vice-consul.

Article 6.

Ils auront le droit de réclamer les mariniers, et d'annoncer au magistrat du pays les vagabonds de leur nation, afin de procéder contr'eux, suivant les traités et les ordonnances du Souverain du territoire. On leur donnera des soldats pour garder dans les prisons du pays, ces sortes de gens, à condition, que le Consul les entretienne, jusqu'à ce que le gouvernement les fasse remettre, pour être renvoyés à leur patrie. Les mariniers, qui

sont déserteurs , ou qui sont pourvus de passeports et de subsides , pour se rendre à leurs départemens , ne doivent être pris ou enrôlés ; au
contraire il faut les restituer à leur pavillon , ou
au Consul qui les réclame , sans aucune difficulté,
à moins qu'ils ne soient coupables de quelques
autres crimes qui les rendent responsables envers
le magistrat du pays , où ils sont réclamés.

Article 7.

Par ordre du Roi du 27 Juillet 1751 , commu-
niqué à l'intendant de Marine de Cadix , il est déclaré que toutes les fois qu'un vaisseau fera naufrage dans la baye ou les ports des côtes du
royaume , par tempête ou autre accident , ayant
à bord son équipage , et dans les endroits où il y
a un Consul ou vice-consul de la même nation ,
l'on doit laisser à leur soin de faire tout ce qu'ils
croyent le plus convenable pour sauver le vaisseau ,
sa cargaison etc. sans que les officiers et les magistrats s'en mêlent d'une autre façon , que de faciliter
aux Consuls et aux capitaines toute l'assistance
qu'ils demandent , afin de sauver le plutôt possible , et pour un juste prix , tout ce qui se peut,
et d'éviter les désordres et les vols. En conséquence il est convenu , d'observer désormais ledit
réglement du 17 Juillet 1751 , réciproquement
avec les vaisseaux français en Espagne , et les vais-

seaux espagnols en France. Et pour éviter les compétences dans l'examen juridique des naufrages, toutes les fois que l'autorité du juge est nécessaire pour légaliser l'inventaire des effets et de leur dépôt, ou autres incidens, qui pourront rendre la conduite des capitaines ou conducteurs suspecte, il faut exercer cette jurisdiction en Espagne, par les ministres de marine, et en France par les juges de l'amirauté, conformément aux ordonnances des deux couronnes. Les marchandises sauvées du naufrage, doivent être déposées dans la douane avec l'inventaire, afin de ne payer les droits que lorsqu'elles seront embarquées pour leur destination hors du royaume.

Article 8.

Les héritages des Français passagers en Espagne et des Espagnols passagers en France, qui meurent avec testament ou *ab intestat*, doivent se liquider par les Consuls ou vice-consuls, conformément aux articles 33 et 34, du Traité d'Utrecht; et le produit entier doit être délivré aux héritiers présens ou absens, sans que le tribunal de la croisade ou quelque autre juge ecclésiastique puisse s'en mêler. Lorsqu'il s'agira de vérifier ou sauver le droit ou l'intérêt que quelque sujet du pays ou d'une autre nation en qualité de créancier, ou par autre titre, puisse avoir en sa faveur, la jurisdiction militaire, et à son défaut la jurisdiction ordinaire pourra, conjointement avec le Consul ou vice-consul, et non d'une autre manière, procéder à former l'inventaire, et à prendre des mesures pour mettre en sûreté les effets desdits héritages dans la maison d'un ou plusieurs négocians accrédités, avec le consentement du Consul, en vertu de l'article 34. Les Consuls ou vice-consuls auront la faculté de vérifier tous les fonds, effets et biens, appartenans, de quelque manière que ce soit, à leurs Souverains respectifs.

Article 9.

Ces déclarations, droits et priviléges spécifiés en faveur des Consuls et vice-consuls espagnols et français réciproquement, doivent servir de règle dorénavant pour les affaires respectives, sans qu'aucun autre *pactum* ou document puisse être allégué contre ce qui est contenu dans les articles précédens. Et si quelqu'autre nation veut y participer, afin de jouir en Espagne de tous ou de quelques-uns des droits et priviléges accordés aux Consuls ou vice-consuls espagnols ou français, S. M. Catholique ne le refusera pas, à condition qu'elle accède en tout et par tout, pour ce qui regarde l'Espagne, à la présente convention, afin qu'elle contracte ses obligations en même temps qu'elle se met dans le cas de profiter de ses avantages.

S. M. Catholique ne s'oppose pas à ce que ces arrangemens soient communs et réciproques , parce qu'elle désire d'établir des règles fixes et raisonnables pour éviter des embarras et dissensions dans le service des Consuls et vice-consuls.

Convention du 27 Décembre 1774. Article 3.

Les capitaines des navires français ou espagnols à qui l'on aura délivré les passe-ports, listes d'équipage et certificats, seront obligés, à leur retour dans le port de leur départ, de présenter des certificats des Consuls, vice-consuls ou autres officiers de la nation, qui constatent qu'ils ont vendu ou débarqué leur cargaison dans le port de la destination.

Article 4.

Dans le cas où ils ne vendraient pas la totalité ou partie de leur chargement dans le port de leur destination, ils seront obligés de les déclarer au Consul ou vice-consul de leur nation, et de lui indiquer le nouveau lieu pour lequel ils le destinent; et à leur retour, ils présenteront des certificats du débarquement de la cargaison dans les lieux de chaque destination.

Article 5.

Les capitaines français et espagnols, qui après avoir vendu ou débarqué leur chargement dans le lieu de la destination, voudront, avant de retourner dans les ports de leur nation, charger du sel ou du tabac dans les ports où ils auront débarqué, ou dans d'autres, seront également obligés de prendre des Consuls ou vice-consuls, des certificats qui exprimeront la quantité et qualité du nouveau chargement, et sa destination. Les capitaines seront obligés de présenter, à leur entrée dans les ports de leur nation, d'autres certificats des Consuls ou vice-consuls du lieu où se sera fait le débarquement; et s'il n'y a point de Consuls ou vice-consuls de la nation dans les lieux où se feront ces embarquemens où débarquemens, les certificats seront expédiés par les officiers de la douane.

Article 6.

Les Consuls des nations espagnole et française, établis à Dunkerque et à Ostende, seront obligés de se remettre réciproquement un état des navires des deux nations qui auront chargé dans ces ports du sel ou du tabac; lequel état fera mention de la charge du navire, de son nom et de celui du capitaine, du nombre de l'équipage, de la quantité du sel et du tabac qui auront été chargés, et du lieu de la destination; lesquelles formalités seront observées par les Consuls ou vice-consuls établis dans la Méditerranée, afin que les deux cours puissent donner aux Consuls de leur nation les ordres convenables.

Article 7.

Toute contrebande d'espèces ou de marchandises absolument prohibées, qui sera trouvée dans tout navire, sans distinction de grandeur, qui sera entré dans les ports des deux nations pour y faire le commerce, sera sujette à la peine de confiscation : les navires, le reste de la cargaison, les capitaines et équipages qui, par d'autres traités sont exempts d'autres punitions, seront remis à la disposition des Consuls ou vice-consuls de la nation dont ils seront, pour être procédé contr'eux suivant les ordres qu'ils auront de leur cour.

Article 8.

Les employés et officiers des fermes des deux couronnes, chargés d'empêcher l'introduction de la contrebande, auront la faculté d'arrêter toute espèce de petits bâtiments de l'une et l'autre nation, jusqu'à la contenance de cent tonneaux, qu'ils rencontreront chargés, en tout ou en partie, de quelque contrebande que ce soit d'espèces ou de marchandises absolument prohibées à deux lieues de distance au large dans la mer, dans le voisinage des ports, dans les embouchures des rivières, des cales et parages des côtes. Ce qui sera de contrebande sera sujet à la peine de confiscation avec le reste du chargement; les capitaines et équipages seront remis, comme il est dit dans l'article précédent, aux Consuls ou vice-consuls de la nation dont ils seront, pour être procédé contr'eux suivant les ordres qu'ils auront de leur cour.

Article 19.

Quoiqu'il soit réglé qu'il ne pourra être fait qu'une seule visite dans les navires d'un port au-dessus de cent tonneaux sans qu'il y ait des soupçons fondés que l'on a introduit dans ces navires, depuis la première visite, des marchandises prohibées, on déclare ici que les officiers et employés des fermes ne pourront faire une seconde visite sans le consentement du Consul ou vice-consul, lesquels cependant, s'ils remarquaient une mauvaise conduite dans lesdits officiers, et qu'ils se sont gouvernés par leur propre volonté et sans motifs fondés, formeront leurs plaintes, afin qu'il y soit pourvu selon l'exigence des cas; et dans le cas de la seconde visite, on avertira le Consul ou le vice-consul, afin qu'il soit instruit, qu'on va procéder à une seconde visite.

Article 20.

Dans le cas où il arriverait des naufrages de navires espagnols et français, les officiers de la

marine et de l'amirauté , ainsi que ceux de la
douane, et les gardes de pataches de deux royaumes,
seront obligés de donner avis du parage où le naufrage sera arrivé , aux Consuls ou vice-consuls de
la nation du département respectif , afin qu'ils
fassent les fonctions qui leur appartiennent , sans
que lesdits officiers puissent s'en mêler , à peine
d'être punis.

ESPAGNE ET TRIPOLI.

Traité de paix du 10 Septembre 1784.

Article 17.

Arrivando qualche bastimento Spagnuolo al
Porto di Tripoli , anderà il Capitano in Casa del
Console , avanti di comparire innanzi al Bassà , o
di qualsisia suo Dipendente.

Article 30.

Se alcun suddito Spagnuolo morïsse nel Regno di
Tripoli , tutta la sua successione , o quanto di lui
si travasse , dovrà restare in potere del Console
a benefizio degli Eredi del Defunto. Lo stesso si
farà con i Tripolini in Ispagna.

Article 31.

Quando vi fosse qualche disputa , o qualche
differenza tra un Spagnuolo ed un Maomettano ,

non dovrà decidersi dal Giudice ordinario del Paese, ma unicamente dal Consiglio del Bassà di Tripoli in presenza del Console, o dal Comandante, se questo non succedesse nel medesimo Tripoli.

Article 32.

Se alcun Spagnuolo percuotesse, o maltrattasse alcun Turco, non potrà essere giudicato senon in presenza del Console per difenderlo; e se frattanto scappasse, non sarà il Console responsabile del Reo.

Article 33.

Se alcun Spagnuolo volesse farsi Turco, non dovrà essere ricevuto se non dopo di aver persistito nella sua risoluzione per lo spazio di tre giorni; ed in tanto dovrà restare in poter del Console come in deposito.

Article 34.

S. M. Cattolica potrà nominare un Console in Tripoli come lo tengono le altre Potenze amiche di questo Regno con le seguenti condizioni.

1) Potrà il Console assistere e patrocinare pubblicamente i sudditi di Spagna.

2) Ei professerà, ed eserciterà liberamente il Culto della Religione Cristiana nella sua Casa, tanto dalla sua Persona, come dagli altri Cristiani.

3) Sarà pure eguale come gli altri Consoli in
tutto , e niuno potrà disputargli la precedenza ,
ancorchè gli fosse stata promessa dalla Reggenza di
Tripoli.

4) Sarà Giudice competente in tutte le Dispute e
Pendenze frà i Spagnuoli , senza che i Giudici
di Tripoli possano per niun pretesto framischiarsi
in esse.

5) Potrà inalberare la Bandiera Spagnuola nella
sua Casa , e nel suo Caicchio , quando vada per
mare.

6) Potrà nominare liberamente il suo Dragomano , o mezzano , e cambiarli quando lo crede
conveniente.

7) Potrà andare a bordo dei bastimenti che vi
fossero in Porto , o Spiaggia quando gli parrà.

8) Sarà esente di ogni diritto per quanto sia
provisioni , o effetti necessarj per la sua Casa ; e
lo stesso si farà in Berne , e Bengasi , se S. M.
Cattolica volesse stabilire colà dei Vice-Consoli.

ESPAGNE ET TURQUIE.

Articles de paix du 14 Septembre , 1782.
Article 3.

*Podrà S. M. C. por medio de su Ministro que
resida en Constantinopla establecer Cónsules en*

todos los Puertos y Lugares maritimos del Do-
minio Otomano donde convengan, y mudarlos
estableciendo ótros en su lugar. Se concederán
á dicho Ministro, segun su carácter, todos los
Firmanes y Barates y á los Cónsules, Intérpretes y Dependientes los mismos privilegios que
gozan los Ministros, Cónsules, Intérpretes y
Criados de las otras Potencias amigas.

Article 4.

En el Exercicio de la Religion, y en la pe-
regrinacion de Jerusalem y otros Lugares serán
tratados los Súbditos de S. M. C. del mismo
modo que los de las Potencias amigas; y en
ningun parage del Imperio Otomano en que
llegue á morir un Negociante ú otro Súbdito
de S. M. C. ó qualquiera otra persona que estè
baxo su proteccion, estarán sus bienes sujetos
al Fisco; ni nadie con pretexto de que tales
bienes han quedado sin duenno podrá apropriár-
selos, ni inxerirse en ellos, sinó que deberan
ponerse á disposicion del Ministro de S. M. C. ó
de los Cónsules, que cuidarán de pasarlos á
poder de las personas á quienes pertenezcan segun
el testamento del difunto : y si éste hubiese
muerto ab intestato, se entregarán tambien al
Ministro, ó Cónsul de S. M. C. ó á algun Socio
del difunto que residiese en el mismo parage ;

y , en su defecto , deberá el Juez del Pueblo , vulgarmente llamado Cadi , hacer el inventario de los efectos y bienes que quedaren , y depositarlos en parag° seguro para conservarlos y entregarlos íntegramente a la persona que mandase el Ministro de S. M. C. sin que por ello pueda pretender se le pague lo que se llama Resmichismet : y lo mismo se practicará en los Dominios de S. M. C. á favor de los Súbditos y Mercantes del Imperio Otomano.

Article 5.

No podrá ventilarse , ni sentenciarse en ningun Pueblo de las Provincias Otomanas causa alguna en que sean demandados los Cónsules , ó Intérpretes de S. M. C. si excediese de la suma de quatro mil aspros , y las que ocurriesen se reservarán al juicio de la Sublime Puerta. En el caso que los Comerciantes y Vasallos de la Sublime Puerta moviesen algun pleito á los Comerciantes , ú otros Vasallos de S. M. C. ó á los que se hallaren baxo su proteccion por venta , compra , ó negociacion de mercancías , ó por otra qualquiera causa , no podrá sentenciarla el Juez del Pueblo , ni admitir la demanda , si no se hallase presente algun Dragoman de los últimos , ni tampoco los molestará sinó quando la deuda , ó fianzas sobre que fueren demandados estuviesen bien

probadas. *Originándose altercacion entre los Comerciantes Vasallos de S. M. C. se exáminará y
terminará por sus Cónsules é Intérpretes segun sus
propias Leyes y Constituciones; y se procederá
de la misma suerte con los Súbditos y Mercantes
del Imperio Otomano que se hallaren en los Dominios de S. M. C.*

Article 6.

*Los Gobernadores y demas Ministros del Impe-
rio Otomano no podrán hacer encarcelar á Súbdito alguno de S. M. C. ni molestarle sin razon:
y si algun Súbdito de S. M. C. fuese preso, á la
primera instancia de su Ministro, ó Cónsules,
les será entregado para que dispongan su castigo
segun lo mereciere.*

Article 7.

*Será lícito à la Sublime Puerta Otomana, para
la tranquilidad y seguridad de sus Súbditos y
Mercantes, establecer en los Dominios de S. M. C.
un Procurador, vulgarmente llamado Shegben-
der, que resida en la Ciudad de Alicante; y los
mencionados Súbditos de la Sublime Puerta serán
respetados y privilegiados de la misma manera
que lo serán los de S. M. C. en el Imperio Otomano.*

Article 8.

Los Náuticos y demas gente experta en el arte de navegar de ambas Partes deberán dar auxílio á las Naves que naufragasen en los Puertos, ó Costas de ambas Potencias contrayentes; y todas las Naves, mercancías y qualquiera otra cosa que se libertare del naufragio se entregarán à disposicion del Cónsul mas inmediato para que pueda dar cuenta al proprietario.

Article 12.

Si algun Súbdito ó Dependiente de S. M. C. pasase á la Religion Mahometana, y en presencia de alguno de los Cónsules ó Dragomanes declarase ser Mahometano, no por eso se le libertará de pagar sus deudas, y si ademas de sus propias mercancías se le probase tener algúnas pertenecientes á ótros, deberán entregarse al Ministro ó Cónsul de S. M. C. para que éstos las restituyan despúes á sus Duennos.

ÉTATS - UNIS.

ÉTATS-UNIS ET ANGLETERRE.

(Voyez Angleterre.)

ÉTATS-UNIS ET ALGER.

Traité de paix du 5 Septembre, 1795. Article 17.

The Consul of the United States of North America shall have every personal security given him and his household; he shall have liberty to exercise his religion in his own house. All slaves of the same religion shall not be impeded in going to said Consuls house at hours of prayer. The Consul shall have liberty and personal security given him, to travel whenever he pleases, within the Regency : he shall have free licence to go on board any vessel lying in our roads, whenever he shall think fit. The Consul shall have leave to appoint his own drogaman and broker.

Article 18.

Should a war break out between the two nations, the Consul of the United States of North America, and all citizens of the said States, shall have leave to embark themselves and property unmolested, on board of what vessel or vessels they shall think proper.

Article 19.

Should the cruisers of Algiers capture any vessel, with citizens of the United States of North

*America on board, they having papers to prove ʒ
they are really of, they and their property shall ʃʃ
be immediately discharged. And should the ves- -
sels of the United States capture any vessels of ˥
nations at war with them, having subjects of this ˀ
regency on board, they shall be treated in like ˥
manner.*

Article 20.

*On a vessel of war belonging to the United
States of North America anchoring in our ports,
the consul is to inform the Dey of her arrival;
and she shall be saluted with 21 guns; which she
is to return in the same quantity or number;
and the Dey will send fresh provisions on board,
as is customary, gratis.*

Article 21.

*The consul of the United States of North Ame-
rica shall not be required to pay duty for any
thing he brings from a foreign country. for the
use of his house and family.*

ÉTATS-UNIS ET ESPAGNE.

(Voyez Espagne.)

ÉTATS-UNIS ET FRANCE.

Traité de commerce du 6 Février, 1778.

Article 19.

Les deux parties contractantes se sont accordées mutuellement la faculté de tenir dans leurs ports respectifs des Consuls, vice-consuls, agens et commissaires, dont les fonctions seront réglées par une convention particulière.

Convention du 14 Novembre 1788, sur les foncions des Consuls.

Article 1.

Les Consuls et vice-consuls nommés par le Roi très-chrétien et les États-Unis, seront tenus de présenter leurs provisions selon la forme qui se trouvera établie respectivement par le Roi très-chrétien dans ses États, et par le congrès dans les États-Unis. On leur délivrera sans aucuns frais l'*exequatur* nécessaire à l'exercice de leurs fonctions, et sur l'exhibition qu'ils feront dudit *exequatur*, les gouverneurs, commandans, chefs de justice, les corps tribunaux ou autres officiers ayant autorité dans les ports et lieux de leurs consulats, les y feront jouir aussitôt et sans difficulté des prééminences, autorité, et priviléges accordés réciproquement, sans qu'ils puissent exiger desdits Consuls et

vice-consuls aucun droit sous aucun prétexte quelconque.

Article 2.

Les Consuls et vice-consuls et les personnes attachées à leurs fonctions, savoir, leurs chanceliers
et secrétaires jouiront d'une pleine et entière immunité pour leur chancellerie et les papiers qui y
seront renfermés. Ils seront exempts de tout service personnel, logement de gens de guerre, milice, guet, garde, tutelle, curatelle, ainsi que
de tous droits, taxes, impositions et charges quelconques, à l'exception seulement des biens meubles
et immeubles, dont ils seront propriétaires ou
possesseurs, lesquels seront assujétis aux taxes,
imposées sur ceux de tous autres particuliers, et
à tous égards ils demeureront sujets aux lois du
pays comme les nationaux. Ceux desdits Consuls et
vice-consuls qui feront le commerce, seront respectivement assujétis à toutes les taxes et impositions
établies sur les autres négocians. Ils placeront sur
la porte extérieure de leurs maisons les armes de
leur Souverain, sans que cette marque distinctive
puisse donner auxdites maisons le droit d'asile, soit
pour des personnes, soit pour des effets quelconques.

Article 3.

Les Consuls et vice-consuls respectifs pourront établir des agens dans les différens ports et lieux de leurs départemens où le besoin l'exigera ; ces agens pourront être choisis parmi les négocians nationaux ou étrangers, et munis de la commission de l'un desdits Consuls. Ils se renfermeront respectivement à rendre aux commerçans, navigateurs et bâtimens respectifs tous les services possibles, et à informer le Consul le plus proche des besoins desdits commerçans, navigateurs et bâtimens, sans que lesdits agens puissent autrement participer aux immunités, droits et priviléges attribués aux Consuls et vice-consuls, et sans pouvoir, sous aucun prétexte que ce soit, exiger aucun droit ou émolument quelconque desdits commerçans.

Article 4.

Les Consuls et vice-consuls respectifs pourront établir une chancellerie où seront déposés les délibérations, actes et procédures consulaires, ainsi que les testamens, obligations, contrats et autres actes faits par les nationaux ou entr'eux, et les effets délaissés par mort ou sauvés des naufrages. Ils pourront en conséquence commettre à l'exercice de ladite chancellerie des personnes capables, les recevoir, leur faire prêter serment, leur donner la garde du sceau et le droit de sceller les commissions, .*e* jugemens et autres actes consulaires , ainsi que d'y *y* remplir les fonctions de notaire et greffier du con- sulat.

Article 5.

Les Consuls et vice-consuls respectifs auront le *<* droit exclusif de recevoir dans leur chancellerie, . ou à bord des bâtimens , les déclarations et tous . les autres actes que les capitaines , patrons , équi- pages , passagers et négocians de leur nation vou- dront y passer , même leur testament et autres dispositions de dernière volonté , et les disposi- tions desdits actes duement légalisés par lesdits Consuls ou vice-consuls , et munis du sceau de leur consulat , feront foi en justice comme le fe- raient les originaux dans tous les tribunaux des états du Roi Très-Chrétien et des États-Unis. Ils auront aussi , et exclusivement , en cas d'absence d'exécuteur testamentaire , curateur ou héritiers légitimes , le droit de faire l'inventaire , la liquida- tion, et de procéder à la vente des effets mobiliers de la succession des sujets ou citoyens de leur nation qui viendront à mourir dans l'étendue de leur consulat. Ils y procéderont avec l'assistance de deux négocians de leur dite nation, ou à leur dé- faut, de tout autre à leur choix, et feront déposer dans leur chancellerie les effets et papiers desdites

successions, sans qu'aucuns officiers militaires, de
justice, ou de police du pays, puissent les y troubler, ni y intervenir de quelque manière que ce
soit; mais lesdits Consuls et vice-consuls ne pourront faire la délivrance des successions et de leur
produit aux héritiers légitimes, ou à leurs mandataires, qu'après avoir fait acquitter toutes les
dettes que les défunts auront pu avoir contractées
dans le pays, à l'effet de quoi les créanciers auront droit de saisir lesdits effets dans leurs mains,
de même que dans celles de tout autre individu
quelconque, et en poursuivre la vente jusqu'au
payement de ce qui leur sera légitimement dû.
Lorsque les dettes n'auront été contractées par
jugement, par acte, ou par billet dont la signature sera reconnue, le payement ne pourra en
être ordonné qu'en fournissant par le créancier
caution suffisante et domiciliée de rendre les
sommes induement perçues, principal, intérêts et
frais; lesquelles cautions cependant demeureront
duement déchargées après une année, en temps
de paix, et deux en temps de guerre, si la demande en décharge ne peut être formée avant ces
délais contre les héritiers qui se présenteront. Et
afin de ne pas faire injustement attendre aux héritiers les effets du défunt, les Consuls et vice-
consuls feront annoncer sa mort dans quelqu'une
des gazettes qui se publient dans l'étendue de leur

consulat , et qu'ils retiendront lesdits effets sous
leurs mains pendant quatre mois , pour répondre à
toutes les demandes qui se présenteront : et ils
seront tenus , après ce délai , de délivrer aux héritiers l'excédent du montant des demandes qui auront été formées.

Article 6.

Les Consuls et vice-consuls respectifs recevront
les déclarations , protestations et rapports de tous
capitaines et patrons de leur nation respective pour
raison d'avaries essuyées à la mer , et ces capitaines et patrons remettront, dans la chancellerie
desdits Consuls et vice-consuls , les actes qu'ils auront faits dans d'autres ports pour accidens qui
leur seront arrivés pendant leur voyage. Si un sujet
du Roi Très-Chrétien et un habitant des États-Unis,
ou un étranger sont intéressés dans ladite cargaison , l'avarie sera réglée par les tribunaux du pays ,
et non par les Consuls et vice-consuls , mais lorsqu'il n'y aura d'intéressés que les sujets ou citoyens
de leur propre nation , les Consuls ou les vice-
consuls respectifs nommeront des experts pour
régler les dommages et avaries.

Article 7.

Dans le cas où, par tempête ou autres accidens,
des vaisseaux ou bâtimens français échoueront sur

les côtes des Etats-Unis et des vaisseaux et bâtimens des Etats-Unis échoueront sur les côtes des Etats de S. M. Très-Chrétienne, le Consul ou le vice-consul, le plus proche du lieu du naufrage, pourra faire tout ce qu'il jugera convenable, tant pour sauver ledit vaisseau ou bâtiment, son chargement et appartenances, que pour le magasinage et la sûreté des effets sauvés et marchandises. Il pourra en faire l'inventaire, sans qu'aucuns officiers militaires, des douanes, de justice ou de police du pays, puissent s'y immiscer autrement que pour faciliter aux Consuls et vice-consuls, capitaine et équipage du vaisseau naufragé ou échoué, tous les secours et faveurs qu'ils demanderont, soit pour la célérité et la sûreté du sauvetage et des effets sauvés, soit pour éviter tous désordres. Pour prévenir même toute espèce de conflit et de discussion dans lesdits cas de naufrage , il a été convenu que lorsqu'il ne se trouvera pas de Consul ou vice-consul pour faire travailler au sauvetage, ou que la résidence dudit Consul ou vice-consul , qui ne se trouvera pas sur le lieu du naufrage, sera plus éloignée dudit lieu que celle du juge territorial compétent, ce dernier fera procéder sur le champ avec toute la célérité, la sûreté et les précautions prescrites par les lois respectives, sauf audit juge territorial à se retirer, le Consul ou vice-consul survenant, et à lui remettre l'expédition des procédures par lui faites, dont le Consul ou vice-consul lui fera rembourser les frais, ainsi que ceux du sauvetage. Les marchandises et effets sauvés devront être déposés à la douane ou autre lieu de sûreté le plus prochain avec l'inventaire qui en aura été dressé par le Consul ou vice-consul, ou en leur absence, par le juge qui en aura connu pour lesdits effets et marchandises être ensuite délivrés après le prélèvement des frais, et sans forme de procès, aux propriétaires, qui, munis de la main-levée du Consul ou vice-consul le plus proche, les réclameront par eux-mêmes, ou par leurs mandataires, soit pour réexporter les marchandises, et dans ce cas elles ne payeront aucune espèce de droits de sortie, soit pour les vendre dans le pays, si elles n'y sont pas prohibées; et dans ce dernier cas, lesdites marchandises se trouvant avariées, on leur accordera une modération sur les droits d'entrée, proportionnée au dommage souffert, lequel sera constaté par le procès verbal dressé lors du naufrage ou l'échouement.

Article 8.

Les Consuls ou vice-consuls exerceront la police sur tous les bâtimens de leurs nations respectives, et auront à bord desdits bâtimens tout pouvoir et jurisdiction en matière civile dans toutes les discussions qui pourront y survenir; ils auront une entière inspection sur lesdits bâtimens, leurs équipages, et les changemens et remplacemens à y faire, pour quel effet ils pourront se transporter à bord desdits bâtimens toutes les fois qu'ils le jugeront nécessaire ; bien entendu que les fonctions ci-dessus énoncées seront concentrées dans l'intérieur des bâtimens, et qu'elles ne pourront avoir lieu dans aucun cas qui aura quelque rapport avec la police des ports où lesdits bâtimens se trouveront.

Article 9.

Les Consuls et vice-consuls pourront faire arrêter les capitaines, officiers, mariniers, matelots et toutes autres personnes faisant partie des équipages des bâtimens de leurs nations respectives qui auraient déserté desdits bâtimens, pour les renvoyer et faire transporter hors du pays. Auquel effet lesdits Consuls et vice-consuls s'adresseront aux tribunaux, juges et officiers compétens, et leur feront, par écrit, la demande desdits déserteurs, en justifiant par l'exhibition des registres du bâtiment ou rôle d'équipage, que ces hommes faisaient partie des susdits équipages, et sur cette demande, ainsi justifiée, sauf toutefois la preuve contraire, l'extradition ne pourra être refusée, et il sera donné toute aide et assistance auxdits Consuls et vice-consuls pour la recherche, saisie et arrestation des

susdits déserteurs, lesquels seront même détenus et
gardés dans les prisons du pays, à leur réquisition
et à leurs frais, jusqu'à ce qu'ils aient trouvé occasion de les renvoyer. Mais s'ils n'étaient renvoyés
dans le délai de trois mois, à compter du jour de
leur arrêt, ils seront élargis, et ne pourront plus
être arrêtés pour la même cause.

Article 10.

Dans le cas où les sujets ou citoyens respectifs
auront commis quelque crime ou infraction de la
tranquillité publique, ils seront justiciables des juges
du pays.

Article 11.

Lorsque lesdits coupables feront partie de l'équipage de l'un des bâtimens de leur nation, et se
seront retirés à bord desdits navires, ils pourront y
être saisis et arrêtés par l'ordre des juges territo-
riaux : ceux-ci en préviendront le Consul ou le
vice-consul, lequel pourra se rendre à bord, s'il le
juge à propos : mais cette prévenance ne pourra
en aucun cas retarder l'exécution de l'ordre dont il
est question. Les personnes arrêtées ne pourront
ensuite être mises en liberté qu'après que le Consul
ou vice-consul en aura été prévenu, et elles lui
seront remises, s'il le requiert, pour être recon-
duites sur les bâtimens où elles auront été arrêtées

ou autres de leur nation, et être renvoyées hors du pays.

Article 12.

Tous différens et procès entre les sujets du Roi Très-Chrétien dans les États-Unis, ou entre les citoyens des États-Unis dans les états du Roi Très-Chrétien, et notamment toutes les discussions relatives aux salaires et conditions des engagemens des équipages des bâtimens respectifs, et tous différens de quelque nature qu'ils soient, qui pourraient s'élever entre les hommes desdits équipages, ou entre quelques uns d'eux et leurs capitaines, ou entre les capitaines de divers bâtimens nationaux, seront terminés par les Consuls et vice-consuls respectifs, soit par un renvoi par-devant des arbitres, soit par un jugement sommaire, et sans frais. Aucun officier territorial, civil ou militaire ne pourra y intervenir, ou prendre une part quelconque à l'affaire, et les appels desdits jugemens consulaires seront portés devant les tribunaux de France ou des Etats-Unis qui doivent en connaître.

Article 13.

L'utilité générale du commerce ayant fait établir dans les Etat du Roi Très-Chrétien des tribunaux et des formes particulières pour accélérer la décision des affaires de commerce, les négocians des

Etats-Unis jouiront du bénéfice de ces établissemens
et le congrès des Etats-Unis pourvoira de la manière la plus conforme à ses lois, à l'établissement
des avantages équivalens en faveur des négocians
français, pour la prompte expédition et décision
des affaires de la même nature.

Article 14.

Les sujets du Roi Très-Chrétien et les citoyens des
Etats-Unis, qui justifieront authentiquement être du
corps de la nation respective, jouiront en conséquence de l'exemption de tout service personnel
dans le lieu de leur établissement.

Article 15.

Si quelqu'autre nation acquiert, en vertu d'une
convention quelconque, un traitement plus favora-
ble relativement aux prééminences, pouvoirs, autorité et privilèges consulaires, les Consuls et vice-
consuls du Roi Très-Chrétien ou des Etats-Unis,
réciproquement, y participeront, aux termes stipu-
lés par les articles deux, trois et quatre, du traité
d'amitié et de commerce conclu entre le Roi Très-
Chrétien et les Etats-Unis.

Convention du 30 Septembre 1800. Article 10.

Les deux parties contractantes pourront nommer, pour protéger le négoce, des agens commerciaux, qui résideront en France et dans les États-Unis : chacune des parties pourra excepter telle place, qu'elle jugera à propos, des lieux où la résidence de ces agens pourra être fixée. Avant qu'aucun agent puisse exercer ses fonctions, il devra être accepté dans les formes reçues par la partie, chez laquelle il est envoyé ; et, quand il aura été accepté et pourvu de son *exequatur*, il jouira des droits et prérogatives, dont jouiront les agens semblables des nations les plus favorisées.

ÉTATS-UNIS ET HOLLANDE.

Traité de commerce du 8 Octobre, 1782. Article 21.

Les deux parties contractantes s'accordent de part et d'autre la liberté d'avoir, chacune dans les ports de l'autre, des Consuls, vice-consuls, agens et commissaires, établis par elle-même, dont les fonctions seront réglées par convention particulière, lorsque l'une des deux parties trouvera bon de faire de tels établissemens.

22*

ÉTATS-UNIS ET MAROC.

Traité de commerce du $\frac{1}{25}$ *Janvier* 1787.

Article 20.

Si quelques-uns des citoyens des États-Unis, ou quelques autres personnes se trouvant sous leur protection, ont un différend ensemble, le Consul décidera entre les deux parties ; et, toutes les fois que le Consul exigera quelque aide ou assistance de la part de notre gouvernement, pour exécuter ses décisions, elle lui sera immédiatement accordée.

Article 21.

Au cas qu'un citoyen des États-Unis tue ou blesse un Maure, ou si au contraire un Maure tue ou blesse un citoyen des États-Unis, la loi du pays sera suivie ; et il sera rendu une justice égale, le Consul assistant au jugement. Et, si quelque délinquant échappe de la prison, le Consul ne sera pas responsable de sa personne, en quelque manière que ce soit.

Article 21.

Au cas qu'un citoyen américain vienne à mourir dans nos États, et qu'il ne se trouve point de testament, le Consul prendra possession de ses effets ; et s'il n'y a point de Consul, les effets seront déposés entre les mains de quelque personne digne de confiance, jusqu'à ce qu'il se présente quelqu'un, qui sera en droit de les réclamer. Mais au cas que l'héritier du défunt soit présent, les biens lui seront remis sans interruption. Et, si l'on trouve un testament, les effets parviendront à celui qui a été désigné par cette disposition testamentaire, aussitôt que le Consul en aura déclaré la validité.

Article 23.

Les Consuls des États-Unis d'Amérique feront leur résidence dans celui des ports de notre domination, qu'ils jugeront à propos. Ils seront respectés et jouiront de tout les priviléges, dont jouissent les Consuls de quelque autre nation que ce soit. Et, au cas que quelque citoyen des États-Unis, contracte des dettes ou des engagemens, le Consul n'en sera responsable en aucune façon, à moins qu'il n'ait donné une promesse par écrit pour leur payement ou acquit, sans laquelle promesse par écrit l'on ne s'adressera point à lui pour en obtenir la prestation.

ÉTATS-UNIS ET PRUSSE.

Traité de commerce du 18 Septembre, 1785. Article 25.

Les deux parties contractantes se sont accordées mutuellement la faculté de tenir dans leurs ports respectifs des Consuls, vice-consuls, agens et commissaires de leurs choix, et dont les fonctions seront déterminées par un arrangement particulier, lorsque l'une des deux Puissances aura nommé à ces postes ; mais dans le cas que tel ou autre de ces Consuls veuille faire le commerce, il sera soumis aux mêmes loix et usages auxquels sont soumis les particuliers de sa nation à l'endroit où il réside.

Traité de commerce du 11 Juillet 1799.

Article 25.

Les deux parties contractantes se sont permis réciproquement d'avoir, chacune dans les ports de l'autre, des Consuls, vice-consuls, agens et commissaires, qu'elle nommera, avec la jouissance des priviléges et pleins pouvoirs, dont jouissent ceux des nations les plus favorisées. En cas que ces Consuls veuillent commercer, ils se conformeront aux mêmes lois et usages que les particuliers de leur nation dans le même endroit.

ÉTATS-UNIS ET SUÈDE.

Traité de Commerce du 3 Avril 1783. Article 26.

Les deux parties contractantes se sont accordé mutuellement la faculté de tenir dans leurs ports respectifs des Consuls, vice-consuls, agens et commissaires, dont les fonctions seront réglées par une convention particulière.

ÉTATS-UNIS ET TUNIS.

Traité de paix du mois d'Août 1797. Article 17.

Each of the contracting parties shall be at liberty to establish a Consul in the dependencies of the other ; and if such Consul does not act in conformity with the usages of the country , like others , the government of the place shall inform his government of it , to the end that he may be changed and replaced ; but he shall enjoy as well for himself as his family and suite , the protection of the government : and he may import for his own use all his provisions and furniture without paying any duty ; and if he shall import merchandise (which it shall be lawful for him to do) he shall pay duty for it.

Article 18.

If the subjects or the citizens of either of the contracting parties, being within the possessions of the other, contract debts, or enter into obligations, neither the Consul nor the nation, nor any subjects or citizens thereof shall be in any manner responsible, except they or the Consul have previously become bound in writing: and without this obligation in writing, they cannot be called upon for indemnity or satisfaction.

Article 19.

In case of a citizen or subject of either of the contracting parties dying within the possession of the other, the Consul or the vekel shall take possession of his effects (if he does not leave a will) of which he shall make an inventory; and the government of the place shall have nothing to do therewith. And if there shall be no Consul, the effects shall be deposited in the hands of a confidential person of the place, taking an inventory of the whole, that they may eventually be delivered to those to whom they of right belong.

Article 20.

The Consul shall be the judge in all disputes between his fellow-citizens or subjects, as also

between all other persons who may be immediately under his protection; and in all cases wherein
he shall require the assistance of the government
where he resides to sanction his decisions, it shall
be granted to him.

Article 21.

If a citizen or subject of one of the parties shall
kill, wound, or strike a citizen or subject of the
other, justice shall be done according to the laws of
the country where the offence shall be committed;
the Consul shall be present at the trial; but if
any offender shall escape, the Consul shall be in
no manner responsable for it.

Article 22.

If a dispute or law-suit on commercial or other
civil matters shall happen, the trial shall be had
in the presence of the Consul, or of a confidential
person of his choice, who shall represent him, and
endeavour to accommodate the difference which
may have happened between the citizens or subjets
of the two nations.

F R A N C E.

FRANCE ET ANGLETERRE.

(Voyez Angleterre.)

FRANCE ET ESPAGNE.

(Voyez Espagne.)

FRANCE ET ÉTATS-UNIS.

(Voyez États-Unis.)

FRANCE ET MAROC.

Par le traité de commerce du 28 Mai 1767, il est expliqué que les Consuls de France seuls pourront disposer des effets et successions des Français en cas de mort, ainsi que de tout ce qui aura rapport au sauvetage des bâtimens naufragés.

Le libre exercice de la religion est accordé aux Français, et leur Consul sera seul juge en première instance des différens qui surviendront entr'eux.

FRANCE ET MECKLEMBOURG.

Traité de commerce du 18 Septembre, 1769.
Article 1er. séparé.

Pour procurer et assurer aux sujets du Roi , qui fréquenteront le port de Rostock , toutes les facilités , avantages et protection qu'ils sont en droit d'attendre des stipulations contenues dans le traité , aujourd'hui conclu entre la France et le duché de Mecklembourg, il a été convenu que S. M. pourra, quand Elle le jugera à propos , établir dans ladite ville de Rostock, un Consul ou commissaire de la marine de France , pour y jouir de toutes les prérogatives et y exercer tous et les mêmes droits et fonctions qui appartiennent et sont reconnus appartenir à de pareils officiers. Le Sérénissime Duc de Mecklembourg pourra réciproquement nommer et établir des Consuls dans les ports de France que ses sujets fréquenteront, en se conformant à ce que les lois et les usages du royaume prescrivent à cet égard.

FRANCE ET PORTUGAL.

Traité de paix du 20 Août, 1797. Article 12.

Les Consuls et vice-consuls français jouiront des priviléges , préséances , immunités , prérogatives

et jurisdictions dont ils jouissoient avant la guerre, .
et dont jouissent ceux des nations les plus favo- -
risées.

FRANCE ET RAGUSE.

Traité de commerce du 2 Avril 1776. Article 7.

I Consoli di S. M. stabiliti negli Stati della Repubblica di Ragusi eserciteranno la loro autorità sù i bastimenti della loro Nazione; essi avranno sopra de' medesimi tutto il potere, e giurisdizione nel civile, e nel criminale per ogni, e qualunque controversia, o delitto che accader potesse a bordo di detti bastimenti, e parimente sarà a loro carico, ed esclusione del Magistrato del Paese, solo però riguardo alla parte civile, decidere le differenze, . che potranno nascere in terra trà Francesi, salvo l'appello ai Tribunali di Francia, in conformità degli ordini di S. M. e ben inteso, che le Cause che interesseranno i Francesi, i sudditi della Repubblica, e gli Esteri; e che non saranno trà Francesi e Francesi, spetteranno ai Giudici del Paese.

Article 8.

I Consoli di S. M. non potranno sotto pretesto alcuno concedere la Regia Protezione fuori che ai soli Francesi. S. M. proibisce loro mescolarsi in modo alcuno in ciò che riguarda i sudditi del Paese, ed i forestieri.

Article 9.

I Consoli di S. M. avranno sulle Porte delle loro abitazioni le Armi del loro Sovrano, e goderanno di tutte le prerogative state accordate fin qui ai medesimi, dal Senato.

FRANCE ET RUSSIE.

Traité de commerce du $\dfrac{\text{31 } \textit{Décembre } 1786.}{\text{11 } \textit{Janvier } 1787.}$

Article 5.

Dans tous les ports et grandes villes de commerce des États respectifs, dont l'entrée et le commerce sont ouverts aux nations européennes, les deux puissances contractantes pourront établir des Consuls-généraux, Consuls et vice-consuls, qui jouiront de part et d'autre des priviléges, prérogatives et immunités attachées à ces places, dans le pays de leur résidence ; mais pour ce qui regarde le jugement de leurs affaires, et relativement aux tribunaux des lieux où ils résident, ils seront traités comme ceux des nations les plus favorisées, avec lesquelles les deux puissances ont des traités de commerce. Les susdits Consuls-généraux, Consuls ou vice-consuls, ne pourront point être choisis à l'avenir parmi les sujets nés de la puissance chez laquelle ils doivent résider, à moins qu'ils n'ayent obtenu une permission expresse de pouvoir être accrédités auprès d'elle en cette qualité. Au reste, cette exception ne saurait avoir un effet rétroactif à l'égard de ceux qui auraient été nommés aux susdites places avant la confection du présent traité.

Article 6.

Les Consuls-généraux, Consuls ou vice-consuls des deux puissances contractantes, auront respectivement l'autorité exclusive sur les équipages des navires de leur nation dans les ports de leur résidence, tant pour la police générale de gens de mer, que pour la discussion et le jugement des contestations qui pourront s'élever entre les équipages.

Article 7.

Lorsque les sujets commerçans de l'une ou de l'autre des puissances contractantes auront entre eux des procès ou autres affaires à régler, ils pourront, d'un consentement mutuel, s'adresser à leurs propres Consuls, et les décisions de ceux-ci seront non-seulement valables et légales, mais ils auront le droit de demander, en cas de besoin, main-forte au gouvernement pour faire exécuter leur sentence. Si l'une des deux parties ne consen-

tait pas à recourir à l'autorité de son propre Consul , elle pourra s'adresser aux tribunaux ordinaires
du lieu de sa résidence , et toutes les deux seront
tenues de s'y soumettre. En cas d'avarie sur un
bâtiment français , si les Français seuls en ont
souffert, les Consuls-généraux , Consuls ou vice-
consuls de France en prendront connaissance , et
seront chargés de régler ce qui y aura rapport ; de
même si dans ce cas les Russes sont seuls à souffrir
des avaries survenues dans un bâtiment russe , les
Consuls-généraux, Consuls ou vice-consuls russes
en prendront connaissance , et seront chargés de
régler ce qui y aura rapport.

Article 9.

Les sujets des hautes parties contractantes pourront s'assembler avec leurs Consuls en corps
de factorerie , et faire entr'eux , pour l'intérêt
commun de la factorerie , les arrangemens qui
leur conviendront , en tant qu'ils n'auront rien
de contraire aux lois , statuts et réglemens du
pays , ou de l'endroit où ils seront établis.

HAMBOURG.

HAMBOURG ET ALGER.

Traité de paix du 15 Septembre 1751.

Article 13.

Wann die hamburgischen Unterthanen zu Algier, oder an andern, dem algierischen Reiche zuständigen Örtern Todes verfahren, so sollen die Befehlshaber, Gerichtsverwalter, oder andere an deren Stelle verordnete Personen, der Verstorbenen Güter und Effekten auf keinerley Weise sich anmaassen, und im Falle die Hamburger, vor ihrem Tode, Erben eingesetzet oder ernannt haben, so soll niemand anders, als diese Erben, das geringste von der Erbschaft zu empfangen haben. Wären aber besagte Erben nicht zu Algier, so soll ihr Bevollmächtigter das Verzeichniss über des Verstorbenen sämtlichen Nachlass aufmachen, um solchen denen Erben zu übersenden, oder auf deren Verlangen damit zu verfahren, ohne dass jemand, er sey wer er wolle, im mindesten daran hinderlich seyn dürfe. Begäbe es sich auch, dass ein Hamburger zu Algier verstürbe, ohne dass jemand bevollmächtiget wäre, die Güter des Verstorbenen zu sich zu nehmen, so soll der ham-

burgische Consul , nach gemachter Inventur, den
Erblass bey sich bewahren , um solchen nachmals
den rechtmässigen Erben ausantworten zu können. ·

Article 14.

In allen der Regierung Algier zugehörigen Häfen
sollen die hamburgischen Kaufleute durch keinerley Zwang angehalten werden , Effekten , gegen
ihren Willen , zu kaufen , sondern es soll ihnen
vielmehr frey stehen , dasjenige , welches ihnen
anständig ist, an sich zu erhandeln. Es sollen auch
die Schiffer der hamburgischen Schiffe nicht ge-
nöthiget werden , Ladungen einzunehmen , noch
Reisen wider ihren Willen zu thun. Geschähe es,
dass der hamburgische Consul oder andere Unterthanen der Stadt Hamburg Schulden machten, die
sie nicht bezahlen könnten , so soll der Abtrag
solcher Schulden von keiner andern Person dieser
Nation gefordert werden , es wäre denn , dass einer oder der andere freywillig für den Schuldner
Bürgschaft leisten wollte.

Article 15.

Wenn ein Hamburger mit einem Türken , oder
Unterthanen der algierischen Regierung in Zwi-
stigkeit geräth , so soll der Durchlauchtige Pacha
Dey und der Divan solche entscheiden , ohne
dass einige andere Jurisdiction daran Theil neh-

men könne. Wann aber unter den Unterthanen
der Stadt Hamburg ein Streit entsteht, so soll der
Consul dieser Nation allein das Recht haben, solchen zu schlichten.

Article 16.

Begäbe es sich, dass ein Unterthan von Hamburg mit einem Türken in Händel geriethe und
zwar so weit, dass sie sich tödtlich verwundeten,
oder gar einer den andern ums Leben brächte,
so soll der Schuldige nach den Gesetzen des Lan-
des beurtheilet, und auf übliche Weise gestrafet
werden. Fände aber ein Hamburger, nachdem er
einen Türken getödtet hätte, Mittel, sich aus
dem Wege zu machen, so soll, weder der Consul
noch irgend eine andere Person von Hamburg
desfalls die mindeste Verantwortung oder Beun-
ruhigung zu befürchten haben.

Article 17.

Von nun an und in Zukunft kann die Stadt
Hamburg einen Consul nach iher eigenen Willkühr
zu Algier einsetzen. Und dieser Consul soll daselbst mit aller Sicherheit residiren, ohne dass er
auf die mindeste Weise weder für seine Person
noch Güter belästiget werden dürfe. Er kann sich
zum Dollmetscher und Mäkler auslesen wen er
will. Auch stehet es ihm frey, so oft es ihm ge-

fällt, sich an Bord der Schiffe zu begeben ; nicht weniger, zu seinem Vergnügen aufs Land zu gehen. Es soll ihm ein anständiger Ort, um seinen Gottesdienst nach dem Gebrauche der lutherischen Religion zu halten angewiesen werden ; auch mag er einen eigenen Prediger, zu Ausübung solcher Religion, haben. Alle zu Algier befindliche Sklaven, lutherischer Religion, sie mögen dem Baylik (d. i. der Regierung) oder Privatpersonen zugehören, sollen Freyheit haben in dem Hause des Consuls dem Gottesdienste beyzuwohnen, ohne dass der Gardein Bachy (d. i. der Oberaufseher) der Sklaven oder ihr Patron ihnen daran hinderlich seyn dürfen.

Article 18.

Gott gebe, dass unser Friede fest und dauerhaft seyn möge! Sollte aber bewandten Umständen nach ein Friedensbruch und ein Krieg erfolgen, so soll der hamburgische Consul, der sodann zu Algier residiren mögte, sowohl, als alle Unterthanen der Stadt Hamburg, welche dermalen im algierischen Reiche befindlich wären, gleich wie vorhin, die Freyheit haben, daselbst zu wohnen ; wie sie dann mit aller Sicherheit, so wie in Friedenszeiten, also auch im Kriege, nach ihrem eigenen Willen von dort ziehen können, ohne dass man weder ihre Personen, noch ihre Effekten und Kleider, noch ihr Hausgesinde (gesetzt auch, dass

24*

einige , die zu Algier geboren wären , darunter
seyn mögten) auf- noch anhalten dürfe.

Article 21.

Der hamburgische Consul soll von allen Bedürf-
nissen , die er für seine Tafel kommen lässt , im-
gleichen für diejenigen Sachen , welche zu seiner
Kleidung bestimmt sind , nicht den mindesten Zoll
zu erlegen haben.

HOLLANDE.

HOLLANDE ET ÉTATS-UNIS.

(Voyez Etats-Unis.)

HOLLANDE ET MAROC.

Traité de paix du 1752 , *renouvelé le* 29 *Juin* 1777.

Article 16.

De Onderdaanen van haar Hoog Mog. de Heeren
Staaten Generaal, soo Christenen als Jooden , sullen in gevalle van Processen in de Ryken van syne
Keiserlyke Majesteit niet verpligt zyn sig the on-
derwerpen aan een jurisdictie dier Landen , en
sullen dus in gevalle van opgekoomene questien ,

soo civile als crimineele (alleen tusschen di van de voorschre ve Nederlandsche Natie) voor geen ander Regter gehouden zyn te compareeren, als alleen voor haaren Consul of voor die van de Natie der voorschreeve vereenigde Nederlanden, de welke compleete authoriteit sal hebben om alle de differenten af te doen, soo in het civile als in het criminecle, en namentlyk in de gevallen van geweldige dood, quetsingen en andere delicten, waar inne geprocedeert sal worden volgens de Instructien en Ordres van haar Hoog Mog. de Heeren Staaten Generaal.

Article 17.

In gevall eenige Onderdaanen van de Hoog Mog. Heeren Staaten Generaal, sig in die Ryken van syne Keiserlyke Majesteit bevindende, een Moor quamen te beschaadigen of te quetsen, sal den soodanige worden gestraft op de eigenste wyse en niet zwaarder dan een Moor soude werden gedaan, in gevalle hy diergelyke delicten gepleegt soude hebben. Dan in gevalle van doodslag sal hy alleenlyk geoordeelt worden door syne Majesteit, sonder tusscenkomste van eenig ander Regter, en soo den soodanige moogte koomen te ontvlugten, sal den Consul nog geen andere Onderdaanen van haar Hoog Mog. de Heeren Staaten Generaal ter

dier saake geïnquieteert nog gemolesteert mogen
worden.

Article 18.

Het sal aan de Heeren Staaten Generaal vry
staan een of meerder Consuls te senden in soodanige Plaatsen onder het gesag van den Keiser van
Marocco behoorende, als hoogstdeselve dienstig
sullen oordeelen te behooren; welke Consul of
Consuls sullen worden gehandeld met alle behoor-
lyke respect, overeenkomstig derselver Caracter;
en sullen derselve Consul of Consuls in de Ryken
van hoogstgemelde syne Majesteit met alle vryheid
een seekerheid woonen, soo en opsigte van der
selver Persoonen als van haare Goederen, en sullen
soo wel deselve Consuls als de andere Onderdaanen der vereenigde Nederlanden haare Talsmann
en Maakelaars mogen verkiesen; soo als het aan
deselve ook sal vry staan sig op alle Scheepen te
begeeven, so in de Havenen als op de geenen die
op de Reen ten anker souden mogen leggen, en
sulks so meenigmaal als het hun gooddunken sal;
soo als het aan hun ingelyks vry sal staan te Land
te mogen reisen. Boven dien sal het aan hun ook
gepermitteert weesen en vry staan haare Religie
vryelyk te exerceeren; sullende de Consuls de
Christelyke Gereformeerde Religie in haare Huisen
publieq mogen doen oeffenen en exerceeren, son-

der eenige vexatie of molest , nog met woorden ,
nog met werken , door wie sulk ook soude mogen
geschieden , en sal voor het overige aan hun worden toegestaan een eerlyke plaats ter begraavinge
van hunne Dooden , tegens welke geen onbetaame-
lykheid nog bespottinge gepleegt sal mogen werden.

Article 19.

Insgelyhs werd geconsenteert , dat niet alleen
geduurende de tyd van vreede en vriendschap ,
maar ook in het geval van eenige inbreuk in deselve
tusschen hoogstgemelde syne Majesteit en de Hoog
Mog. Heeren Staaten Generaal , den Consul en
andere Onderdaanen van hooggemelde Heeren
Staaten Generaal , in de Ryken van syne Majesteit
resideerende , volkoomen vryheid sullen hebben ,
soo wel in tyde van Oorlog als van vreede , sig na
haare eigene of andere Landen te begeeven , met
soodanige Scheepen van wat Natie di ook souden
mogen zyn , als zy sullen koomen goed te vinden ,
soo- ook omme meede te mogen neemen haare
Meubilen , Familien en Domestiquen , sonder dat
hun daar inne eenige schaade of naadeel werde
toegebragt , en sal in soodaanige gevalle aan hun
den tyd van ses maanden werden vergunt , omme
van alle haare saaken te konnen disponeeren , en
vervolgens sig te begeven ter Plaatse daar sy goed
sullen vinden te behooren.

Renouvellement des Traités du 2 Décembre 1791.

Article 3.

Dat de Consuls en hunne Gedeputeerdens en andere Onderdaanen of Onderhoorige van haar Hoog Mogende, het zy die in de Republicq woonagtig, of in de Ryken van Zyne Keyzerlyke Majesteit geetablisseert zyn, in de Ryken van Zyne Majesteit zullen genieten alle de Voorregten, welke door Zyne Keyzerlyke Majesteit, aan de meest gefavoriseerde Natie aldaar geaccordeert zyn, of in der tyd geaccordeert zullen worden.

HOLLANDE ET TRIPOLI.

Traité du 4 Octobre 1728. Article 9.

S'il arrivait qu'un Hollandais ou un Chrétien de sa famille mourut à Tripoli, son héritier, s'il est présent, se saisira des biens du défunt, ou bien son exécuteur, s'il a fait son testament étant plein de vie et de santé, ou enfin le Consul pendant son absence, sans qu'on le leur puisse empêcher.

Article 11.

En cas qu'un marchand hollandais négociant en personne à Tripoli devint insolvable, et s'évadât, on ne pourra rien exiger du Consul hollandais ni l'inquiéter.

HOLLANDE ET TUNIS.

Traité de Commerce du 1713. Article 11.

Is bedongen, dat indien yemandt van de Neder-
landtsche Negotianten, tot Tunes residerende,
insolvent (wordt) ende schuldigh blijft, de Credi-
teurs op den Consul geene pretensie sullen moogen
maaken.

Article 12.

Is bedongen, dat indien yemandt van de Ne-
derlandtsche Negotianten, tot Tunes residerende,
quam te overlijden, ende geen Testament hadde
gemaeckt, den Consul des selfs Effecten dan op
een Inventaris brengen, ende de selve onder sich
bewaren sal, ende sal een ander van sijne kant van
den ontfanghst contraboeck houden, ende nie-
mandt aen dat Goedt sijne handt uytstrecken, tot
dat den Eygenaer, of wel den Erféenaem van dat
Goedt sal gekomen zijn.

PORTUGAL.

PORTUGAL ET FRANCE.

(Voyez France.)

PORTUGAL ET RUSSIE.

Traité de commerce du $\frac{9}{20}$ *Décembre* 1787.

Article 4.

Dans tous les ports des États respectifs , dont l'entrée et le commerce sont ouverts aux nations européennes , les hautes parties contractantes auront réciproquement le droit d'établir des Consuls-généraux , Consuls et vice-consuls pour l'avantage de leurs sujets commerçans ; lesdits Consuls-généraux , Consuls , vice-consuls y jouiront de toute la protection des lois ; et quoiqu'ils n'y pourront exercer aucune sorte de jurisdiction , ils pourront néanmoins être choisis , du gré des parties , pour arbitres de leurs différends ; mais il sera toujours libre aux mêmes parties de s'adresser par préférence au tribunal destiné pour le commerce , ou à d'autres tribunaux , auxquels les mêmes Consuls-généraux , Consuls et vice-consuls, en tout ce qui concerne leurs propres affaires , seront également subordonnés , et ils ne pourront jamais être choisis parmi les sujets nés de la puissance , chez laquelle ils doivent résider , à moins qu'ils n'ayent obtenus une permission expresse de ladite puissance de pouvoir être accrédités auprès d'elle en cette qualité.

Article 5.

Les sujets des deux puissances contractantes pourront, dans les États respectifs, s'assembler avec leur Consul en corps de factorerie, et faire entr'eux, pour l'intérêt commun de la factorerie, les arrangemens qui leur conviendront, en tant qu'ils n'auront rien de contraire aux lois, statuts et réglemens du pays, ou de l'endroit où ils seront établis.

Article 12.

Pour constater la propriété portugaise ou russe des marchandises exportées de Portugal en Russie, on devra produire des certificats des Consuls-généraux, Consuls ou vice-consuls de Russie, résidans en Portugal, ou si le navire a fait voile d'un port, où il n'y ait pas de Consuls-généraux, Consuls ou vice-consuls de Russie, on se contentera des certificats en due forme du magistrat du lieu ou de telle autre personne préposée à cet effet, et lesdits Consuls-généraux, Consuls ou vice-consuls de Russie en Portugal, ne pourront rien exiger au-delà d'une cruzade et demie pour l'expédition d'un tel certificat, sous quelque prétexte que ce soit.

De même pour constater la propriété portugaise ou russe des marchandises exportées de la Russie en Portugal, on devra produire des certificats des Consuls - généraux, Consuls ou vice-consuls de

Portugal , résidans en Russie ; ou si le navire a fait voile d'un port , où il n'y ait pas de Consuls-généraux , Consuls ou vice-consuls portugais , on se contentera des certificats de la douane ou du magistrat du lieu d'où ledit navire aura fait voile , ou de telle autre personne préposée à cet effet ; et lesdits Consuls-généraux , Consuls ou vice-consuls portugais ne pourront de même rien exiger au-delà d'un rouble pour l'expédition desdits certificats , sous quelque prétexte que ce soit.

(Ces trois articles ont été renouvelés par le traité du 16 (27) Décembre , 1798.)

PRUSSE.

PRUSSE ET ÉTATS-UNIS.

(Voyez États-Unis.)

PRUSSE ET TURQUIE.

Traité de commerce du 22 Mars 1761. Article 4.

Le ministre prussien , résidant auprès de la Sublime Porte , jouira de l'indépendance et des priviléges dont les ambassadeurs des autres puissances amies ont coutume de jouir , et dans toute la jurisdiction de la Sublime Porte dans chaque échelle, port et île où il se trouve des Consuls, vice-consuls et dragomans de la part des autres puissances amies, les ministres prussiens pourront aussi envoyer des Consuls, vice-consuls, et dragomans, les congédier et en constituer d'autres à leur place. Les ministres qui résideront auprès de la Sublime Porte, pourront se servir de quatre dragomans et pour les endroits où il résidera un Consul, d'un dragoman, et les Consuls, vice-consuls, dragomans et passagers, les négocians et les autres sujets de leur nation jouiront de la même immunité, dont jouissent les sujets des autres puissances amies.

Article 5.

S'il arrivait quelque dispute entre les Prussiens et leurs sujets, le ministre ou les Consuls prussiens décideront l'affaire d'après leurs lois, et tant que les Prussiens ne demandent pas eux-mêmes à être jugés par la justice ottomane, les juges et gouverneurs de la Sublime Porte ne pourront s'ingérer par force à vouloir les juger. Les Consuls qui résideront dans le territoire ottoman, ne seront pas mis aux arrêts, et tous les procès qu'ils auront, se décideront dans la résidence impériale, par le secours de leurs ministres. Leurs maisons seront exempte de scellé, de recherche et visite, et s'il

s'élevait quelque procès entre les sujets de la
Sublime Porte et ceux de la Prusse , on procédera
dans les tribunaux ottomans par le secours de leurs
ministres , Consuls ou vice-consuls et aussi par.
celui des dragomans , et si quelque Mahométan ou
autre sujet de la Sublime Porte forçait quelques
sujets prussiens à comparaître devant le tribunal
dans un temps où aucun de leurs dragomans ou procureurs ne serait présent , ils ne seront point obligés de répondre , et si les procès des Consuls ou
dragomans surpassent la valeur de quatre mille
aspres , ils seront examinés dans la résidence de
l'Empire Ottoman. S'il arrivait quelque dispute
entre les Mahométans ou autres sujets de la Sublime
Porte et les Prussiens ou leurs sujets , touchant les
causes qui concernent la vente , l'achat et les emprunts d'argent , et qu'il ne se trouve point d'ins-
trumens ou d'autres documens valides , on n'écou-
tera point les témoignages forcés , et s'il arrive
quelque dispute au moment du départ de quelque
vaisseaux prussiens , elle sera décidée sans délai
par le secours du Consul ou du dragoman , et le
vaisseau ne sera point arrêté ni retardé de son départ sans raison ; et si quelque Prussien endetté ou
coupable prenait la fuite , un autre Prussien qui
n'est pas coupable du délit ne sera pas saisi ni molesté , et si en quelque endroit où demeure un
Prussien on trouve le corps de quelque homme tué,

le Prussien ne sera pas molesté par la recherche, appelée *prezzo di sangue*, si l'on ne peut le convaincre légalement qu'il est coupable.

Article 6.

Il ne sera pas permis de réduire en esclavage un sujet prussien. Cependant, si en temps de guerre, un sujet prussien fût pris ensemble avec quelques troupes ennemies en guerre avec la Sublime Porte, il sera permis de le faire esclave ; mais si lorsqu'il fut fait esclave il ne se fût trouvé que par imprudence ou de quelque semblable manière parmi les troupes ennemies, il sera mis en liberté après avoir été réclamé et reconnu pour être Prussien. De même aucun Mahométan et autre sujet de la Sublime Porte ne sera fait esclave par la Cour prussienne, et si de la même manière il se trouvait quelqu'un qui eût été fait esclave, il sera mis en liberté sans délai et retardement. Lorsque quelque Prussien ou quelqu'un de ceux qui leur sont assujétis viendra à mourir dans les états de la Sublime Porte , leurs biens qui resteront après leur mort, seront mis entre les mains des Ministres ou Consuls prussiens pour être restitués à leurs héritiers , et s'il ne se trouvait aucun Ministre ou Consul , ils seront délivrés à leurs compatriotes , et ils ne seront pas molestés par les juges et officiers de la Sublime Porte Ottomane. Si cependant il ne

se trouvait aucun sujet prussien à l'endroit où le
défunt est venu à mourir, on fera un inventaire des biens qui sera scellé du sceau du juge
de ce lieu, et les biens seront remis et consignés
sans difficulté à celui que le ministre de Prusse enverra pour les prendre, et on ne demandera pas le
droit appelé *Resmivismet*. On employera tous les
soins et diligence possibles, tant pour mettre en
ordre toutes les choses qui concernent le commerce, que pour empêcher tout ce qui pourrait lui
être nuisible. Quant à l'exercice de la religion et
autres matières, on accordera aux Prussiens le
même traitement qui s'observe envers les autres
puissances amies.

RUSSIE.

RUSSIE ET AUTRICHE.

(Voyez Autriche.)

RUSSIE ET DANNEMARCK.

(Voyez Dannemark.)

RUSSIE ET FRANCE.

(Voyez France.)

RUSSIE ET PORTUGAL.

(Voyez Portugal.)

RUSSIE ET SICILE.

Traité de commerce du 5 (17) Janvier, 1769.

Article 27.

Il sera libre aux deux puissances contractantes, d'établir pour l'avantage du commerce de leurs sujets, et dans tous les ports de leurs États respectifs, où l'entrée et le commerce sont permis aux étrangers, des Consuls-généraux, Consuls ou vice-consuls, lesquels jouiront des mêmes priviléges, prérogatives et immunités, dont jouissent les Consuls des nations favorisées, mais sans qu'ils puissent être choisis parmi les sujets nés du Souverain, chez qui ils doivent résider, à moins qu'à cet effet ils n'ayent expressément obtenu la permission ou la dispense du gouvernement à pouvoir se charger et exercer de pareilles fonctions.

Article 18.

Les Consuls et vice-consuls ne se mêleront des
affaires des bâtimens de leur nation que pour accommoder à l'amiable et par voie d'arbitrage les
différends, qui pourront naître entre les capitaines
et les matelots, relativement au temps de leur service, dépense, salaire, nourriture, etc., et ne
se mêleront autrement des différends des négocians
et individus de leur nation, domiciliés dans les
États respectifs, que lorsque ceux-ci se soumet-
tront volontairement à la décision du Consul ou
vice-consul. Mais toutes les fois, que les deux parties en litige, ou ne voudront pas avoir recours à
l'arbitrage du Consul ou vice-consul, ou se croiront lésées par la décision de l'un ou l'autre, elles
pourront réclamer contre ladite décision et s'a-
dresser aux tribunaux ordinaires du pays, où elles
sont domiciliées, et auxquels ces Consuls eux-
mêmes, en tout ce qui concerne leurs propres affaires, seront également subordonnés.

RUSSIE ET SUÈDE.

Traité de commerce du 19 *(7 Juin,)* 1801. *Article* 10.

En cas de mort d'un sujet de l'une des deux
Hautes Parties contractantes dans les états de l'autre, ses héritiers légitimes, soit par testament ou

ab intestat, ou en leur absence celui qui sera muni
de procuration suffisante de leur part , seront immédiatement mis en possession de son héritage.
Mais ces mêmes héritiers étant absens, et personne
autorisé de leur part ne se présentant pour recueillir la succession , il sera procédé incontinent
après la mort du défunt , à l'apposition des scellés
sur les papiers , effets par lui délaissés , formalité,
qui sera remplie par un notaire public ou par
quelque autre officier public à ce désigné , en présence du Consul , s'il y en a dans le lieu , ou de
deux autres personnes dignes de foi et préférable-
ment des compatriotes du défunt , et après un délai de six semaines écoulées , s'il ne se présente
ni héritiers , ni procureur fondé de leur part , il
sera procédé à l'inventaire des effets délaissés par
le défunt , de quelque nature qu'ils puissent être ,
lesquels effets , ainsi que tout ce qui compose la
succession , seront déposés dans une caisse ou
dépôt public , ou entre les mains de deux propriétaires accrédités et solvables au choix du Consul ,
ou à son défaut de l'officier public qui aura
fait l'inventaire , et devront y être gardés à la
disposition et pour le compte des héritiers légitimes, qui seront avertis et cités édictalement par
la voie des gazettes par trois publications consé-
cutives et dans les délais convenables , avec l'an-
nonce qu'à défaut par les héritiers , ayant cause

ou procureurs fondés de leur part, de se présenter dans l'espace de cinq années , ladite succession et tout ce qui en dépend seront échus au fisc du Gouvernement où le défunt est décédé.

Article 11.

Les Consuls-généraux , Consuls ou vice-consuls qui sont constitués et reconnus de part et d'autre , ou qui pourraient l'être à l'avenir , sont et seront sous la protection particulière des loïs , et jouiront des mêmes droits et immunités que ceux de la nation la plus favorisée. Quoiqu'il ne leur soit attribué aucune jurisdiction , il n'en sera pas moins loisible à ceux de sa nation de les choisir pour arbitres de leurs différends , sans que ceux - ci perdent pour cela la faculté de se pourvoir par-devant les tribunaux compétens suivant l'exigence des cas. Les Consuls-généraux , Consuls ou vice-consuls étant dans le cas , pour réprimer sur les vaisseaux quelque rebelle ou perturbateur du repos public de leur nation , de requérir main forte du gouvernement , elle lui sera accordée sans délai ni difficulté.

Article 12.

En conformité de l'article 18 du traité d'amitié et d'union renouvelé le 18 (29) Octobre 1799 , les gens de mer qui désertent d'un vaisseau de l'une des deux nations sur celui de l'autre , seront réciproquement rendus, quand ces vaisseaux même se trouveraient dans des ports étrangers. Aucun maître de vaisseau ou batelier ne pourra recevoir à son bord dans les ports réciproques , aucun passager qui ne serait pas muni de passe-port valable , ni aucun effet qui ne serait pas accompagné d'un certificat légitime. S'il est fortement soupçonné d'avoir contrevenu à cette disposition , le vaisseau pourra être arrêté jusqu'à ce que la contravention soit éclaircie et réparée s'il a eu lieu. Dans le cas où de semblables soupçons feraient juger nécessaire de visiter le vaisseau, cette visite ne pourra se faire qu'en présence du Consul , ou en son absence , de deux personnes dignes de foi ; cette mesure , au surplus de l'arrêt du bâtiment ainsi que des gens de l'équipage, n'aura lieu qu'autant qu'il serait reconnu indispensablement nécessaire d'en venir à une semblable extrêmité. Le présent article ne pourra pas être appliqué aux équipages des vaisseaux de guerre.

Article 19.

Pour constater la propriété suédoise des marchandises importées en Russie , on devra produire des certificats des Consuls-généraux , Consuls ou vice-consuls de Russie résidens en Suède , rédigés en due forme ; mais si le navire a fait voile d'un port, où il n'y ait pas de Consul-général, Consul ou vice-consul de Russie, on se contentera d'un certificat de la douane ou du magistrat du lieu d'où le navire a été expédié. Lesdits Consuls-généraux, Consuls ou vice-consuls ne pourront rien exiger au-delà de deux Rixdhalers de banque pour l'expédition, soit d'un tel certificat, soit d'un acquit à caution, soit de tout autre document nécessaire. Pour constater pareillement la propriété russe des marchandises importées en Suède, on devra produire des certificats des Consuls-généraux, Consuls ou vice-consuls de Suède résidans en Russie ; mais si le navire a fait voile d'un port où il n'y ait pas de Consul-général, Consul ou vice-consul de Suède, on se contentera de pareils certificats de la douane ou du magistrat du lieu, ou de telle autre personne préposée à cet effet. Les Consuls-généraux, Consuls ou vice-consuls de Suède en Russie ne pourront rien exiger au-delà de la valeur de deux Rixdhalers réduits en monnaie du pays, pour l'expédition d'un certificat ou autre document de cette espèce.

Article 33.

S'il arrivait qu'un sujet russe, établi en Suède, ou un sujet suédois en Russie fît banqueroute, l'autorité des magistrats et des tribunaux du lieu sera réquise par les créanciers, pour nommer les curateurs de la masse , auxquels seront confiés tous les effets , livres et papiers de celui qui aura fait banqueroute. Les Consuls et vice-consuls respectifs pourront intervenir dans ces affaires pour les créanciers et débiteurs de leur nation absens , en attendant que ceux-ci ayent envoyé leurs procurations , et il sera donné copie des actes et titres qui pourraient intéresser les sujets de leur Souverain , afin qu'ils soient en état de leur en faire parvenir la connaissance. Lesdits créanciers pourront aussi s'assembler pour prendre entr'eux les arrangemens qui leur conviendront , concernant la distribution de ladite masse. Dans ces assemblées le suffrage de ceux des créanciers qui auront à prétendre aux deux tiers de la masse , sera toujours prépondérant et les autres créanciers seront obligés de s'y soumettre ; mais quant aux sujets respectifs, qui auront été naturalisés ou auront acquit le droit de bourgeoisie dans les États de l'autre puissance contractante, ils seront soumis , en cas de banqueroute , comme dans toutes les autres affaires , aux lois, ordonnances et statuts des pays où ils seront naturalisés.

A P P E N D I C E.

RUSSIE ET TURQUIE.

Traité de commerce du 10 (21) Janvier 1783.

Article 52.

Comme en vertu de l'article XI du traité de Cainardgé, la cour impériale de Russie a le droit de nommer des Consuls dans toute l'étendue de la domination Ottomane, où la Russie voudra en avoir pour les affaires de commerce, la Sublime Porte s'engage par le présent article, de n'y porter aucun empêchement, afin qu'ils puissent jouir de tous les droits et priviléges, qui leur sont dûs à l'instar des Consuls et vice-consuls français et anglais, comme ceux d'une nation amie et la plus favorisée, quand même il ne se trouverait sur les mêmes lieux aucun Consul, soit français ou anglais.

Article 53.

Les pachas, cadis et autres commandans dans les États de la Porte ne défendront aucunement aux Consuls ou à leurs substituts d'arborer le pavillon ou les armes de leur Souverain.

Article 54.

Pour veiller à la sûreté des maisons où les Consuls seront logés, ils pourront demander les jannissaires qu'ils voudront, et ces jannissaires seront protégés par les odabachias et autres officiers, sans que ceux-ci puissent pour cela exiger d'eux le moindre impôt ou gratification.

Article 55.

Les Consuls russes et ceux qui en relèvent, comme les dragomans et les marchands, pourront faire du vin dans leurs maisons, et en faire venir de même du dehors pour leur propre consommation, sans que personne puisse les en empêcher.

Article 56.

Lorsqu'on enverra du raisin, pour en faire du vin dans les maisons des Consuls, dragomans et autres personnes relevantes de la Cour Impériale de Russie, ou lorsqu'on portera chez eux du vin pour leur provision, l'Aga des Janissaires, le Bostangi Bachi, le Toptschi Bachi, les voivodes et autres officiers n'exigeront aucun droit ou gratification pour le transport, ainsi que pour l'importation de ces vins.

Article 57.

Lorsque quelqu'un voudra entrer en procès avec les Consuls, établis pour affaires de commerce, on ne les arrêtera point, ni on ne mettra point le scellé à leurs maisons; mais le procès doit être informé à la Porte. Dans le cas où on produirait des ordonnances publiées avant ou après la conclu-

sion de ce traité, contraires au présent arrangement, elles seront nulles et de nul effet, et on
agira à cet égard conformément au présent article.

Article 58.

Les Consuls et commerçans russes se trouvant en
litige avec des Consuls et négocians d'une autre
nation chrétienne, peuvent se justifier auprès du
ministre russe accrédité à la Porte, si les deux parties litigieuses y consentent. Et si elles ne veulent
point que leur procès soit informé par les Pachas,
les Cadis, les officiers et par les inspecteurs des
douanes de la Porte, alors ceux-ci ne pourront pas
les obliger ni s'ingérer aucunement dans leurs affaires sans le consentement de toutes les deux parties en litige.

Article 59.

Personne dans les états de la Sublime Porte ne
pourra forcer les Consuls russes de comparaître
en personne devant les tribunaux, lorsqu'ils ont
leurs dragomans, et en cas de quelque besoin, les
sujets de la Porte Ottomane pourront s'expliquer
avec les dragomans envoyés par les Consuls.

Article 60.

Pour protéger les vaisseaux russes en mer contre
les corsaires barbaresques, ainsi que pour mettre

les Consuls et les marchands russes à l'abri des
insultes dans les ports où ces pirates peuvent
mouiller, la Sublime Porte s'oblige de veiller de la
manière la plus sévère à ce que les Pachas, commandans et autres officiers dans l'Empire Ottoman,
protègent et défendent les Consuls et marchands
russes. Et lorsque le ministre et les Consuls russes
auront vérifié par des témoignages, que les vaisseaux arrivés aux ports et forteresses appartenantes
à la Porte, jouissent effectivement de la protection du pavillon russe, alors tous les commandans de ces ports seront obligés de tâcher de
toute façon, que les susdits corsaires ne saisissent
point les vaisseaux russes, et que surtout aucun
vaisseau, se trouvant près de la forteresse ne soit
pris. Si les corsaires causent aux sujets russes des
pertes, dans ceux des endroits de la domination
Ottomane, où il y a des Pachas et commandans,
ces derniers sont tenus à dédommager toutes les
pertes causées par leur négligence.

Article 62.

Lorsque les corsaires ou autres ennemis de la
Sublime Porte commettraient des pirateries sur les
côtes de ses dominations, on n'incommodera pour
cela ni on ne sera aucunement à charge aux Consuls
et marchands russes. Mais comme pour la sûreté réciproque il est nécessaire de connaître les pirates

nommés forbans, pour qu'ils soient également connus de chacun, les officiers commandans sont tenus,
lórsque de tels bâtimens corsaires ou autres barbaresques abordent dans les ports de l'Empire Ottoman, d'examiner soigneusement les passeports, et
de procéder avec eux selon les lois, à condition
cependant que les Consuls russes prennent des
informations exactes de tous les bâtimens qui arrivent sous pavillon russe, et qu'ils les commu-
niquent ensuite aux officiers de la Porte, avec lesquels lesdits Consuls russes pourront entretenir réciproquement des liaisons pour se communiquer
mutuellement, soit de bouche ou par écrit, tout
ce qui pourra achever la sûreté réciproque.

Article 63.

Il a été convenu à l'égard des commerçans russes
dans l'Empire Ottoman, qu'en cas de dispute avec
un marchand russe et lors d'une plainte au Cadi à
ce sujet, le juge n'informera le procès qu'en présence du dragoman russe, et si le translateur est
occupé alors d'une autre affaire importante, on le
prorogera jusqu'à son arrivée. Par contre, les sujets
russes sont obligés, pour ne point abuser du prétexte de l'absence du dragoman, de le faire comparaître sans délai en justice. Si la dispute s'élève
entre deux sujets russes, leur ministre à la Sublime
Porte ou leurs Consuls pourront examiner leurs

ᵇ différends , et prononcer l'arrêt conformément aux
ᵈ lois et usages russes, sans le moindre empêchement
ᵖ ou difficulté de la part de qui que ce soit.

Article 64.

Les procès , qui passent la somme de quatre
mille aspres , seront informés au divan et pas dans
aucun autre tribunal.

Article 65.

Si un sujet de la Porte , soit marchand ou autre ,
a une lettre de change sur un sujet russe et que
celui-ci ou son subordonné ne l'accepte point, on
ne pourra pas le forcer de payer , sans une cause
légitime , mais on en exigera un refus par écrit,
pour s'en servir ensuite contre le tireur. Par contre
les ministres ou Consuls de Russie s'employeront
de tout leur pouvoir à faire payer les bonnes lettres
de change.

Article 66.

Lorsqu'un marchand russe voudra partir pour un
autre endroit et que le Consul en sera caution , on
ne pourra pas l'empêcher sous prétexte de lui faire
payer ses dettes , et les procès excédant la somme
de quatre mille aspres seront informés à la cour de
Sa Hautesse , ainsi qu'on est déjà convenu ci-
dessus dans l'article LXIV du présent traité.

Article 72.

En cas de meurtre ou d'autres désordres entre les sujets russes , le ministre ou les Consuls russes pourront examiner le cas , et y prononcer l'arrêt que leur dicteront leurs lois et ordonnances , sans qu'aucun des officiers de la Porte puisse les en empêcher.

Article 74.

Lorsqu'un sujet de Russie ou tel autre , jouissant de la protection , commettra un meurtre ou un autre crime , et que le gouvernement en sera informé , les juges et officiers de la Porte ne jugeront de pareils cas , qu'en présence du Consul ou de ceux , qui auront été commis à cet effet par le Ministre ou le Consul , quelque part qu'ils se trouvent. Pour observer la plus grande équité dans ces sortes de cas , on exige réciproquement des deux contractans qu'ils veillent à ce qu'ils soient examinés et jugés avec une attention égale.

SICILE.

SICILE ET RUSSIE.

(Voyez Russie.)

SUÈDE.

SUÈDE ET ALGER.

*Traité de paix et de commerce du 5 (16) Avril 1729,
renouvelé le 25 (5) Mai 1792.*

Article 13.

Si quelque marchand ou autre sujet suédois vient à mourir à Alger, ou dans quelque endroit des provinces qui lui sont sujettes, il ne sera permis à aucun Dey ou autre de se mêler de sa succession ; mais en cas que le défunt aurait nommé quelqu'un pour exécuteur de son testament, celui-là, s'il est présent, aura seul le droit de s'emparer de l'héritage, d'en dresser l'inventaire et d'en rendre dûment compte. Mais si quelqu'un venait à mourir sans avoir fait quelque disposition et qu'aucun de ses parens ne fut présent, alors le Consul suédois, après avoir fait dresser l'inventaire des biens, s'en emparera et les retiendra si longtemps sous sa garde, jusqu'à ce qu'il arrive des ordres de Suède sur la conduite qu'il aura à tenir à cet égard.

Article 14.

Aucun marchand ou sujet suédois à Alger ou à quelque autre endroit de ce royaume, ne sera forcé d'acheter quelque chose contre son gré, mais il dépendra de lui d'acheter ce qu'il juge à propos ; moins encore quelque capitaine ou maître de navire de quelque vaisseau ou navire suédois sera forcé contre son gré de charger quelques biens, ou d'aller à quelque endroit sans qu'il y soit disposé ; et aussi peu le Consul suédois ou quelque autre sujet suédois sera forcé de payer la dette d'un autre sujet suédois, s'il ne s'y est engagé par une obligation dressée par écrit.

Article 15.

Les sujets de S. M. suédoise à Alger ou dans d'autres endroits de ce royaume ne seront, quant aux procès, soumis à aucune autre jurisdiction qu'à celle du Dey même ou à son Divan. Mais s'ils ont entr'eux quelque dispute, elle sera décidée par le Consul suédois.

Article 16.

En cas qu'il arrivât que quelque sujet de S. M. le Roi, pendant son séjour dans le territoire d'Alger vînt à battre, blesser, ou tuer quelque Turc ou Maure, et qu'il fut arrêté, il sera puni sur le même pied, et pas plus sévèrement qu'un Turc qui aurait commis le même délit; mais si le coupable venait à échapper, ni le Consul ni aucun sujet de S. M. ne sera questionné à cet égard, ou ne pourra souffrir.

Article 17.

Le Consul suédois résidant à Alger, jouira en tout temps d'une pleine liberté et sûreté pour sa personne et sa propriété. Il aura la liberté de choisir son propre courtier et interprête, d'aller aussi souvent qu'il le veut au bord d'un vaisseau ou navire quelconque qui se trouve sur la rade, comme aussi de faire un voyage par terre s'il juge à propos. Il aura de même la liberté d'entretenir dans sa mission un aumônier, pour y exercer et diriger le culte protestant, tant pour le Consul, que pour d'autres sujets suédois qui se trouvent à Alger. Il sera de même permis à tous les esclaves de cette religion de fréquenter ces assemblées et le service divin sans en être empêchés ou écartés par leurs maîtres, s'ils appartiennent à des particuliers, ou par le Guardien Bacha.

SUÈDE ET ÉTATS-UNIS.

(Voyez États-Unis.)

SUÈDE ET RUSSIE.

(Voyez Russie.)

TOSCANE.

TOSCANE ET MAROC.

Traité de paix de l'année 1778.
Article 10.

Qualora vengano Consoli Toscani a stabilirsi nei Regni di Marocco, potranno inalberare il loro Padiglione senza alcuna contrarietà, e sarà la loro Casa sicura, e privilegiata per qualunque persona, che entrerà in essa, sebbene possa aver commesso qualunque delitto.

TURQUIE.

TURQUIE ET AUTRICHE.

(Voyez Autriche.)

TURQUIE ET ESPAGNE.

(Voyez Espagne.)

TURQUIE ET PRUSSE.

(Voyez Prusse.)

TURQUIE ET RUSSIE.

(Voyez Russie.)

N°. VII.

DIPLOMATIE COMMERCIALE.

Un commissaire des relations commerciales peut-il être pris à partie, sans une autorisation préalable de son gouvernement (1) ?

TELLE est l'importante question sur laquelle le conseil des prises de Paris a donné une décision négative à propos d'une demande en prise à partie, qu'un Américain se proposait d'intenter contre un ex-agent français des relations commerciales à Gênes.

La prise à partie est, comme on sait, le recours que l'on exerce directement contre un juge, pour faire ordonner qu'il répondra en son propre et privé nom du dommage souffert par la personne ou les personnes qui se plaignent de ses procédés judiciaires.

---

(1) Bibliothèque commerciale, par Peuchet. Tom. I. page 413.

Pour prendre un juge à partie, il fallait autrefois en France une permission du parlement. Dans les lois actuelles de la république, il faut l'autorisation du tribunal de cassation.

La marche à suivre contre un agent du gouvernement pour la prise à partie, ne ressemble point à celle qu'il faut suivre quand il s'agit d'un juge. Il était impossible de soumettre aux mêmes règles deux choses, qui sont d'un ordre si différent ; et dans la question actuelle, il y a des raisons qui ajoutent encore à cette différence.

Les agens des relations commerciales existent depuis que les nations ont entr'elles un commerce réglé. L'objet de leur mission, sur-tout dans les ports de mer, est d'y veiller à la conservation des droits et des priviléges de leurs nations, et d'y terminer les contestations qui naissent entre leurs compatriotes marchands, résidans dans les pays étrangers.

On voit que par les attributions que leur donnent les lois anciennes et nouvelles, les agens des relations commerciales peuvent joindre au caractère d'agent politique celui de juge.

Mais les fonctions administratives et les fonctions judiciaires, quoique cumulées sur la même tête, ne changent pas pour cela de nature. Les unes et les autres continuent d'être respectivement dirigées par les principes inhérens à l'ordre des choses auquel elles appartiennent.

Ainsi les actes de l'agent politique sont sous l'inspection immédiate et exclusive du gouvernement, et les actes du juge ressortissent aux tribunaux supérieurs. *(Ord. de la Marine de 1681, Art. IX XVIII du titre des Consuls.)*

Il semblerait donc, d'après cet exposé, que dans toutes les occasions où les agens des relations commerciales procèdent et prononcent comme juges, ils doivent être soumis à la prise à partie comme les juges ordinaires, et d'après les formes usitées en pareil cas.

Mais la qualité d'agent politique n'est pas effacée par celle de juge, dans le commissaire des relations commerciales. On peut dire même qu'elle y est prédominante, qu'elle est la principale, celle qui fixe l'état de la personne, et à laquelle les fonctions de juge ne sont réunies que par accident ; c'est-à-dire par des attributions plus ou moins limitées, par des attributions qui pourraient ne pas exister sans que l'agent cessât de conserver son caractère.

D'où il résulte que la matière sur laquelle l'agent politique prononce comme juge, est dévolue à l'autorité compétente dans l'ordre hiérarchique des jurisdictions ; mais la personne de l'agent continue d'être par état sous l'inspection immédiate du gouvernement, et ne peut en être distraite par des actions arbitraires en prise à partie que le gouvernement n'aurait point autorisées.

S'il en pouvait être autrement, un agent utile, et souvent nécessaire à la république dans nos relations avec l'étranger, pourrait être subitement et personnellement compromis à l'insu de la république même, et à chaque instant les opérations qui importent le plus au bien général, pourraient être troublées ou suspendues par le choc des passions particulières.

Sans doute les infractions faites aux lois dans l'administration de la justice, comme dans toute autre administration, doivent être punies ; mais quand la sûreté des personnes que l'on accuse de ces infractions est sous la garantie et la protection du gouvernement lui-même, l'aveu du gouvernement est nécessaire pour légitimer les poursuites contre ces personnes. C'est aussi ce qui résulte de l'article LXXV de la constitution, où il est expressément dit que les agens du gouvernement ne peuvent être poursuivis qu'en vertu d'une décision du conseil d'état.

Cette marche doit être observée, à bien plus forte raison encore, lorsque celui qui intente la prise à partie est un étranger ; car dans ce cas l'affaire et la qualité des personnes sont également du ressort du droit des gens, et par con-

séquent doivent être régies par cette sorte de
droit.

Or, d'après les principes du droit des gens, les
agens des relations commerciales, sans avoir la
plénitude des prérogatives attachées aux ambassadeurs et autres ministres publics, doivent jouir
dans un rang moins élevé et pour des fonctions
moins éclatantes, de l'inviolabilité et de l'indépendance dont les ambassadeurs et les autres ministres publics jouissent entr'eux. Tout agent politique est la parole du gouvernement, et le gouvernement ne doit agir ni parler par le ministère d'un
homme qui aurait à craindre. Il faut donc, à l'é-
gard des agens du gouvernement, suivre les raisons
tirées de leur caractère représentatif, et non pas
celles qui dérivent des rapports ordinaires des
choses.

Si ces agens abusent de leur caractère, on le
fait cesser; mais pour le faire cesser, l'étranger,
souverain ou particulier, doit s'adresser au gouvernement lui-même, qui désavoue ou soutient
son mandataire, et peut seul faire disparaître le
caractère d'inviolabilité dont il l'a revêtu.

Par toutes ces considérations, développées dans
un mémoire, adressé par le conseil des prises au
ministre de la justice, et rédigé par Mr. Portalis,
ce conseil a conclu :

1°. Qu'un commissaire des relations commerciales est à la fois juge et agent politique, d'après l'espèce et la nature des fonctions qu'il remplit.

2°. Que comme juge, il pourrait encourir la prise à partie aux termes des lois civiles, mais que son caractère d'agent politique étant le principal et le prédominant, il ne peut être pris à partie sans l'autorisation spéciale et positive du gouvernement.

3°. Que cette marche est nécessaire, quelque soit celui qui veut intenter la prise à partie, mais à bien plus forte raison, quand c'est un étranger, puisqu'alors les personnes et les choses rentrent dans le ressort du droit des gens, qui se traite de gouvernement à gouvernement.

Qu'en aucun cas donc, un commissaire des relations commerciales ne peut être pris à partie par un étranger, sans une permission préalable du gouvernement de l'agent ou commissaire des relations commerciales.

N°. VIII.

*Chapitre des Ordonnances faites par le Magis-
trat-municipal de Barcelone avec l'intervention
des Consuls maritimes, et de divers négocians
experts de ladite ville, pour servir de règles et
de droits au consulat des Catalans à Alexandrie en Égypte (1).*

LES conseillers de la ville de Barcelone à l'honorable Mathieu Civader, Consul à Alexandrie,
des Catalans et autres sujets du très-puissant Roi
d'Arragon, salut et prospérité. Nous vous signi-
fions que pour le bien et le bon réglement du consulat et de la bourse d'Alexandrie, et afin d'éviter
les désagrémens qui pourraient survenir aux négocians, marins et autres sujets du souverain, qui
naviguent et séjournent à Alexandrie pour leurs affaires commerciales. Nous avons appelé à ce sujet
les honorables Consuls maritimes de Barcelone et
d'autres négocians et personnes distinguées de ladite ville, éclairées en de pareilles affaires, et

---

(1) Memorias historicas sobre la Marina Comercio y artes
de la Antigua Ciudad de Barcelona, par Capmany. Tom. II,
page 156.

Nous avons ordonné et établi quelques réglemens pour le bien et l'honneur dudit consulat , ainsi que des négocians et autres sujets qui naviguent à Alexandrie; et Nous avons délibéré qu'ils soient exactement observés , soit par vous ou tout autre Consul résidant en ladite ville , et Nous avons ordonné entre autre choses , que vous, ou autre qui soit Consul dans les trois années suivantes , soit tenu de faire serment d'observer Nos dites ordonnances et réglemens.

D'après la connaissance que Nous avons de vos connaissances et qualités , Nous vous confirmons par la présente , vous, Don Mathieu Civader , Consul en ladite ville d'Alexandrie pendant trois ans ; pour les Catalans et autres sujets de notre Souverain , le Roi d'Arragon , aux conditions suivantes : Dans le cas que vous acceptiez ledit consulat sous serment d'observer tout ce qui est contenu dans les articles et ordonnances faites par Nous , et dont Nous vous remettons copie sur papier timbré, avec le sceau du conseil de ville, Nous voulons que vous fassiez ledit serment entre les mains de Jean Ribalta, ou de Bartholomé Bou, ou de Ferrer Sorjo , négocians, qui le recevront au nom de l'honorable Bailli de Barcelone, en présence de l'écrivain desdits négocians ou du navire qui les transportera , lequel fera minute testimoniale du serment.

29.

Dans le cas que vous ne vouliez pas accepter ledit consulat et observer les règles et ordonnances
prescrites par Nous, Nous voulons en attendant que
vous conserviez le consulat dans la forme accoutu-
mée ; mais vous devez Nous certifier par une lettre
que vous Nous enverrez par premier navire, que
vous ne voulez pas accepter ledit consulat avec nos
ordonnances , afin que Nous puissions procéder à
l'élection d'un autre. Notre élection sera pour trois
ans , à compter du jour que vous accepterez ledit
consulat , suivant la teneur des réglemens susdits.

Barcelone , le 9 Novembre , 1381.

N°. 9.

Réglement fait entre le Consul maritime et le Corps de Négocians de Barcelone d'une part, et le Consul de Damas de l'autre ; relativement à quelques réglemens pour ce Consulat de la Sirie (*).

RÉGLEMENS faits entre les honorables Don Guillelm de Cabanyelles et Don Fransech Merles, Consuls maritimes de Barcelone, avec l'intervention de plusieurs négocians distingués de ladite ville d'une part, et Don Bernat Maresa, Consul nouvellement élu pour la ville de Damas de l'autre ; lesquels réglemens les honorables conseillers de ladite ville ont fait enregistrer sur les registres.

Premièrement, que le Consul de Damas sera élu de trois en trois ans, qui commenceront à compter du jour qu'il sera à Baruth ou à Damas, et en activité.

---

(1) Memorias historicas sobre la Marina Comercio y arte de la Antigua Ciudad de Barcelona, par Capmany. Tom. II page 174.

Si le Consul, quel qu'il soit, mérite les suffrages des négocians, et qu'ils désirent le voir continuer à occuper ce poste, dans ce cas et non dans aucun autre, on pourra prolonger son consulat pendant les trois années suivantes.

Item. Le Consul, quel qu'il soit, qui sera élu pour Damas, le jour avant son départ de Barcelone, fera serment entre les mains de l'honorable Bailli, que pendant les trois années de son consulat, ou pendant tout le temps qu'il le régira, il ne pourra vendre ni faire vendre du vin pour son compte, ni le permettre à aucune personne quelconque dans la maison où il résidera.

Item. Le Consul, lorsque l'exacteur des dîmes visitera les effets d'entrée et de sortie, devra y assister personnellement, et n'en partira que lorsque les négocians auront eu leurs effets visités et retirés de la douane.

Item. Si le receveur de la douane ou autre personne quelconque, prenait ou fesait prendre dans la douane ou ailleurs, des marchandises appartenantes à un sujet du Roi soumis aux droits du consulat, ledit Consul, s'il en est requis par le propriétaire des effets, fera tout son possible pour les faire retourner; et en cas de besoin, il portera ses plaintes au gouverneur-général, ou à toute autre personne qui pourra faire rendre aux propriétaires leurs marchandises.

Item. Ledit Consul devra avoir, pendant les trois années et tout le temps qu'il sera à Damas, deux écuyers de bonne mine, et une femme ou un homme pour faire la cuisine, et le servir dans la maison ; et lorsqu'il sortira de chez lui, les deux écuyers devront toujours l'accompagner, et la femme restera à la maison pour faire la cuisine.

Item. Ledit Consul devra avoir un prêtre pour dire la messe, afin qu'il ne soit pas besoin d'aller l'entendre chez un autre Consul.

Item. Le Consul sera tenu de loger le prêtre dans la maison de la congrégation.

Et pour compensation audit Consul, l'on taxe les choses suivantes : Premièrement, tout marchand ou autre personne qui partira de la ville de Barcelone et débarquera à Damas des effets, argent, monnaie ou autres choses, paiera par cent livres barcelonaises, la troisième partie de 20 dragmes, de manière que le Consul, pour 300 livres, reçoive vingt dragmes. Ce payement se fera d'après le manifeste fait à bord du navire, et que l'écrivain sera obligé de montrer au Consul, si celui-ci le requiert.

Mais si quelque navire venait à Baruth, et qu'il y eût à bord des effets, de l'argent ou marchandises qui ne fussent point débarquées , dans ce cas le Consul ne pourra exiger aucun droit.

Item. Si quelque marchand ou autre personne , partant de Barcelone , laissoit des effets à l'île de Chypre , et les y vendit étant destinés pour Baruth, et qu'il employât le montant en achats ou en échanges à Damas , dans ce cas le négociant ou tout autre personne sera tenu de payer le Consul d'après le manifeste de Barcelone , c'est-à-dire , suivant le montant de l'achat à Barcelone ; et si ledit marchand ou personne échangeait la monnaie de Chypre à Damas , il sera obligé de payer le consulat autant de fois qu'il fera l'échange.

Item. Si quelque marchand ou autre personne venait à Baruth avec vaisseau catalan ou autre , avec des marchandises des côtes de la Sicile , de Rhodes , de Romanie , de Turquie , de Chypre ou autres ports quelconques , et qu'il ne vînt point directement de Barcelone , il sera tenu de payer loyalement le consulat d'après le coût des marchandises mises à bord ; et si le Consul l'exigeait , ils devront lui donner des sûretés , le florin de Florence , ou ducat devra lui être compté à raison de 15 sous barcelonais , afin que le Consul perçoive de droit 20 deniers par 150 ducats ou florins.

Item. Si entre l'honorable Consul et quelques

négocians il s'élevait des différens , il nommera un négociant catalan , et la partie adverse un autre pour terminer la contestation.

Réglemens relatifs au Consulat d'Alexandrie.

Au nom de Dieu. Comme par les grandes affaires qui se font à Alexandrie par les sujets du Roi d'Arragon , il en résulte un grand honneur au Souverain , et des avantages considérables à ses sujets et que la marine en augmente , particulièrement dans la ville de Barcelone ; en conséquence, les honorables Don Ramon Zarovira , Galceran Murguet , Guillem de Sen-Clement , conseillers , pendant cette année , de la ville de Barcelone , conjointement avec les honorables Misser P. Zacalm , absent de ladite ville et Don Gabriel Ros , défunt , en vertu de divers priviléges royaux qui leurs ont été concédés, et de l'ancien usage d'élire des Consuls à Alexandrie et autres endroits d'outre-mer, ils veulent établir sur le meilleur pied ledit consulat d'Alexandrie , tant pour ce qui regarde l'élection du Consul que pour les autres dispositions. Il y a eu à ce sujet divers conseils et réglemens faits par les honorables Consuls maritimes de Barcelone , assistés de plusieurs négocians et personnes distinguées de ladite ville , et il en résulte

30

que les affaires, avec la protection divine, ont prospéré. Ils ont en conséquence procédé à faire les ordonnances suivantes, lesquelles ils veulent qu'elles soient strictement observées comme étant nécessaires au bien dudit consulat, ainsi qu'aux négocians et sujets du Roi, aux navigateurs et trafiquans dudit port d'Alexandrie.

Premièrement, pour éviter les inconvéniens qui pourraient, ce que Dieu ne veuille, survenir à la bourse d'Alexandrie et aux sujets du Roi qui y résident, comme il est à craindre, d'après les avis que lesdits conseillers ont reçus de personnes dignes de foi, lesdits conseillers ont ordonné et veulent que le Consul à Alexandrie réunisse les qualités convenables pour la direction dudit consulat, et qu'aucun homme de mauvaise réputation, ou qui ait été renvoyé de Barcelone ou autres lieux pour dettes, ne puisse être élu Consul, ni reçu audit consulat.

Le Consul sera élu de trois en trois ans, qui commenceront à compter du jour qu'il sera à Alexandrie et en activité.

Dans le cas que le Consul se conduise de manière à faire désirer aux négocians qu'il continue dans son emploi, dans ce cas et non dans aucun autre, il pourra être réélu encore pour trois ans.

Item. Le Consul, avant son départ de Barcelone, sera tenu de faire serment entre les mains de l'honorable bailli, que pendant les trois années qu'il régira le consulat, ou tout le temps qu'il l'occupera, il ne vendra ni ne fera vendre, ni permettra que personne, homme ou femme, de quelque condition qu'il soit, vende du vin en gros ou en détail à la bourse d'Alexandrie.

Le chapitre ne comprend point le vin que le Consul aura besoin pour sa maison, et il pourra le vendre en gros, mais pas en détail aux personnes qui en auraient besoin. S'il en arrivait pour le même objet à des personnes habitant dans la Bourse, le Consul pourra permettre de le vendre en gros ou en détail.

Item. Le Consul ne pourra pas, même pour lui, louer ou prêter aucun magasin à quelque personne que ce soit, pour y mettre des marchandises, s'ils étaient absolument nécessaires aux négocians ; mais il pourra les louer ou prêter aux passagers ou pélérins dans le cas que les marchands ou autres personnes de la nation n'en eussent pas besoin.

Le Consul ne pourra louer ni prêter aucune chambre, ni maison, ni magasin de la Bourse, à aucun Maure ou Juif dans aucun cas quelconque.

Item. Le Consul ne pourra prêter ou louer aucune chambre à un Chrétien pour y garder des marchandises ; mais il pourra en louer ou prêter aux pélérins et voyageurs, si les marchands ou autres personnes de la nation n'en avaient pas besoin.

Si quelques marchands ou autres personnes, qui
ne seraient point sujets du Roi, venaient à Alexandrie avec des navires appartenans à ses sujets, et
qui auraient été chargés dans ses domaines, ils pourront, si les marchands y consentent, mettre leurs
marchandises dans les chambres et magasins de ladite Bourse.

Les marchands dans les cas ci-dessus, payeront le
droit de consulat sur le même pied que les sujets
du Roi, ou payeront le loyer des chambres et des
magasins audit Consul, dont les autres négocians
devront avoir connaissance.

Item. Le Consul, à moins de raisons qui pourraient l'en dispenser, sera tenu d'être tous les jours
à la douane, s'il en est requis, pour être présent
lorsque les marchandises seront visitées et pesées.

Item. Le Consul sera tenu d'avoir deux écuyers
en livrée qui l'accompagneront lorsqu'il sortira,
soit pour aller chez le gouverneur ou à la douane.

Pour compensation au Consul de l'abolition des
tavernes et de la défense de vendre du vin pour
l'honneur du Consulat, et afin d'empêcher que dorénavant il n'y ait point de tavernes ni femmes de
mauvaise vie dans la bourse d'Alexandrie, et pour
que le Consul ne soit pas reputé tavernier, ni les
sujets du Roi méprisés comme ils l'ont été jusqu'à
présent; Nous ordonnons que le Consul recevra de
tous les sujets du Roi, pour sa subsistance (de ceux

qui auront des marchandises dans la douane ou
dans les murs d'Alexandrie) 8 quirats par cent
barcelonaises , spécifiée dans le chapitre suivant :

Tout marchand en personne qui aura des marchandises dans Alexandrie , payera 8 sols pour
droit de consulat par cent livres , suivant le manifeste qui aura été fait, et lequel l'écrivain sera obligé
de montrer au Consul si celui-ci le requiert.

Mais dans le cas qu'un navire eut des marchandises à bord qui ne soient pas mises à terre, elles
ne payeront aucun droit de consulat.

Item. Tout navire à deux ou trois ponts payera
une livre 12 quirats de droit de consulat. Tout
vaisseau d'un seul pont payera une livre. Tout
navire de cent salmes payera 12 quirats. Tout
marin ou maître de vaisseau qui abordera à Alexandrie payera un quirat pour droit de consulat.

N°. X.

*Réglement du magistrat de Lubeck en consé-
quence de ses lettres-patentes, ou renouvellement des anciens réglemens pour le commerce
russe de Nowogorod (1).*

LES quatre anciens qui ont eu jusqu'ici la direction du commerce russe, seront continués et
confirmés dans cette charge. Ils nommeront un ancien entr'eux, prendront deux assesseurs et un secrétaire qui partiront pour la Russie, afin d'y
établir un conseil de commerce, et élire les prési-
dens, juges et inspecteurs du commerce anséatique
de la Russie.

Ils veilleront soigneusement à l'observance du
culte de la religion évangélique parmi leurs employés, et se procureront, aux dépens des négocians, jusqu'à ce qu'ils aient un ministre luthérien,
la bible, des discours sur les évangiles, le caté-
chisme de Luther et la formule de concorde ; le secrétaire en fera la lecture tous les jours pendant

____

(1) Histoire raisonnée du commerce de la Russie, par Mr
Scherer. Tom. II. p. 107.

une heure, et alors la cour de la compagnie sera
fermée.

L'ancien aura le pouvoir d'ordonner et de défendre ce qu'il jugera convenable. Celui qui refusera de lui obéir perdra son droit de négociant,
tant à ce comptoir que dans toutes les villes anséa-
tiques. On dressera un procès-verbal des crimes
graves, comme meurtres, vol, etc., qui sera envoyé à Lubeck, pour que le magistrat donne son
jugement.

On punira ceux qui se battront ou s'outrageront
de propos indécens ou injurieux, par une amende
pécuniaire.

L'appel à un tribunal étranger n'aura jamais lieu.

Les biens de ceux qui mourront en Russie, seront inventoriés sur le champ, et leur mort notifiée
à leurs chefs, héritiers ou créanciers en Allemagne,
avec l'état de leurs biens, et il ne sera absolument
rien délivré de la succession avant la réception de
la réponse.

On prendra trois denga sur chaque centaine de
marks pour les frais de la cour de la compagnie et
des employés.

A la fin de chaque année on réglera les comptes.

Aucun étranger ne sera admis dans la cour.

Ceux qui dissiperont les biens de leurs maîtres
au jeu ou autrement, seront exclus de l'administration intérieure; et pour que ces articles soient

mieux observés , l'ancien avec ses assesseurs prêtera serment sur chacun d'iceux.

Quiconque est déjà marchand en détail , manu-
facturier , associé ou domestique d'un marchand ,
ne pourra être reçu apprentif ou domestique d'un
autre marchand.

Toute factorie étrangère est absolument dé-
fendue.

Tous les nouveaux négocians qui arriveront se
feront inscrire sur le livre de commerce , et payeront pour cette formalité cinq marks , valeur de
Nowogorod.

Celui qui usera de fraude dans son commerce ,
sera chassé de la cour de la compagnie.

Chaque négociant mangera et demeurera dans
la cour.

Celui qui prendra le parti de ne plus suivre les
affaires de son maître , sera tenu de retourner à
Lubeck , pour se défaire de son emploi dans les
formes.

Personne ne débauchera les gens d'autrui.

Tout le monde sera habillé honnêtement , mo-
destement et sans luxe.

Dans la salle à manger il y aura trois tables ;
l'une pour l'ancien et ses assesseurs ; l'autre pour
les négocians, et la troisième pour les domestiques.

L'ivrognerie, le jeu, la débauche en tout genre,
le défaut de propreté dans les chambres , et de

précaution dans le chauffage, seront sujets à l'amende.

On posera toutes les nuits des gardes devant la cour de la compagnie, pour prévenir les accidens du feu et des voleurs.

Il est expressément défendu de sauter par dessus les planchers de la cour, de laisser passer la nuit à un Russe chez soi, d'introduire dans la cour, des étrangers qui ne sont pas de la ligue anséatique, d'intercepter des lettres écrites à un autre, et de montrer les siennes propres à table.

Personne ne partira de la cour de la compagnie, sans en avoir préalablement la permission de l'ancien.

Chaque négociant, en arrivant, s'obligera d'accomplir ces statuts et en prêtera serment.

⦿⦿⦿⦿⦿⦿⦿⦿⦿⦿⦿⦿⦿⦿⦿⦿⦿⦿⦿⦿⦿⦿⦿⦿⦿⦿⦿⦿⦿⦿⦿⦿⦿⦿⦿⦿⦿⦿

N°. XI.

ORDONNANCE du Roi, concernant les consulats, la résidence, le commerce et la navigation des sujets du Roi, dans les échelles du Levant et de Barbarie; du 3 Mars, 1781.

DE PAR LE ROI.

LA sûreté des Français établis dans les échelles du Levant et Barbarie, et les avantages du commerce qu'ils y font, dépendent essentiellement d'une protection toujours active, et d'une administration fondée sur des principes relatifs au gouvernement du Grand-Seigneur et des Princes de Barbarie, aux traités faits avec ces puissances, aux mœurs et aux usages de leurs sujets.

La convenance de ces rapports a décidé l'établissement des officiers de S. M. qui résident dans les échelles, et les lois qui ont été données successivement sur cette partie d'administration.

Quoique ces établissemens et ces lois aient pour base les principes les plus sages et les plus constans, l'expérience a cependant indiqué la nécessité de les perfectionner.

C'est dans cette vue que S. M. s'est déterminée à réunir dans une seule et même ordonnance les anciennes lois , et les nouvelles dispositions qu'elle a jugé à propos d'y ajouter , et de faire connaître ses intentions sur le service et les fonctions de ses officiers , sur la résidence , le commerce et la navigation de ses sujets , et sur la protection dont Elle veut les faire jouir , dans l'Empire Ottoman et dans les États de Barbarie ; en conséquence, Elle a ordonné et ordonne ce qui suit.

TITRE PREMIER.

Des Consuls et autres officiers de S. M. dans les échelles du Levant et de Barbarie.

Des Consuls.

ART. 1. Les établissemens français , dans les échelles du Levant , seront divisés en consulats-généraux , consulats et vice-consulats , conformément aux états qui seront arrêtés par S. M.

ART. 2. Les Consuls-généraux seront choisis parmi les Consuls ; les Consuls parmi les vice-consuls ; et les vice-consuls parmi les élèves vice-consuls.

Art. 3. Aucun ne pourra se dire Consul ou vice-consul , dans les échelles du Levant et de Barbarie, qu'il n'ait obtenu des provisions ou un brevet de S. M.

Art. 4. Le secrétaire d'État ayant le département de la marine , préviendra l'ambassadeur du Roi à Constantinople , de la nomination des Consuls et vice-consuls dans les échelles du Levant , et ledit ambassadeur demandera à la Porte Ottomane l'expédition des *barats* ou *exequatur* nécessaires.

Art. 5. A l'arrivée d'un Consul , l'ancien Consul , ou à son défaut, le chargé des affaires du consulat , convoquera l'assemblée générale de la nation , pour y faire la publication des provisions du nouveau Consul , lesquelles seront enregistrées dans la chancellerie du consulat.

Art. 6. Les mêmes formalités seront remplies dans les Consulats de Barbarie , après que les Consuls chargés des affaires du Roi auront présenté leurs lettres de créance aux Princes auprès desquels ils iront résider.

Art. 7. Les Consuls exerceront dans leur département la justice , sommairement et sans frais ; y ordonneront de la police , et y rempliront toutes les fonctions qui leur sont attribuées par leurs provisions et par les édits , déclarations , lettres patentes , ordonnances , réglemens de S. M. , et de son conseil.

Art. 8. S. M. prescrit à ses Consuls de veiller avec attention à l'entière exécution des capitulations avec la Porte Ottomane, et des traités avec les Princes de Barbarie.

Art. 9. Les Consuls feront enregistrer, dans la chancellerie de leur consulat, les ordonnances et décisions de S. M., qui leur seront transmises par le secrétaire d'État ayant le département de la marine, après les avoir fait publier dans une assemblée nationale.

Art. 10. Ils rendront un compte exact de toutes les affaires de leur département au secrétaire d'État ayant le département de la marine ; et se conformeront aux ordres qu'ils en recevront.

Art. 11. Ceux du Levant, informeront l'ambassadeur de S. M. à Constantinople, de tout ce qui se passera d'important dans leur département ; et ils auront recours a ses offices et à sa protection dans toutes les occasions qui pourront l'exiger.

Art. 12. Lorsqu'il arrivera des circonstances majeures et pressantes, qui n'auraient pas été prévues par les ordonnances et instructions de S. M., dans lesquelles les Consuls du Levant n'auraient pas le temps d'attendre les ordres du Roi pour agir, S. M. les autorise à s'adresser a son ambassadeur, qui leur donnera les instructions et les ordres provisoires qu'il jugera convenables, dont il rendra compte au secrétaire d'État ayant le département

de la marine , ainsi que des motifs qui les auraient
déterminés.

ART. 13. Les Consuls tiendront bon et fidèle
mémoire des affaires importantes de leur consulat,
et l'enverront à la fin de chaque année au secrétaire
d'État ayant le département de la marine , en y
désignant les affaires qui auront été terminées , et
celles qui ne le seront pas encore , à cette
époque.

ART. 14. Ils dresseront également , à la fin de
chaque année , un mémoire , sur la navigation et
le commerce des sujets de S. M. dans leur département. Ils enverront au secrétaire d'État ayant le
département de la marine , ce mémoire , dans lequel ils développeront les moyens qui leur paraîtront les plus propres à procurer au commerce et à
la navigation les avantages et l'extension dont ils
sont susceptibles.

ART. 15. Ils lui enverront tous les trois mois
l'état du commerce d'entrée et de sortie de leur
département , et un état général à la fin de chaque
année.

ART. 16. Ils informeront exactement le secrétaire d'état ayant le département de la marine , de
l'arrivée de tous les vaisseaux et autres bâtimens
français qui aborderont dans les ports de leur
département ; ils lui en adresseront tous les trois
mois un état ; et à la fin de chaque année un

té état général, dans lequel ils feront mention des
c bâtimens dont les congés seront expirés.

Art. 17. Ils veilleront à ce que les officiers
.b de leur département, remplissent exactement les
.il fonctions de leurs emplois ; et à la fin de chaque
:té année ils rendront compte au secrétaire d'état ayant
.il le département de la marine, de la conduite, des
.il talens, de l'application et des mœurs desdits offi-
) ciers. Ils dresseront à cet effet un état, dans
.il lequel ils comprendront également l'âge et l'ancien-
.t neté des services de chaque officier ; lequel état
.il sera certifié et signé par eux.

Art. 18. Défend S. M. à ses Consuls d'accepter
.il aucun titre de Consul de la part des puissances
.il étrangères ; et enjoint à ceux qui, à quelque titre
.il que ce soit, en exerceroient les fonctions, de les
.il cesser, et de renvoyer leurs commissions ou brevets
aux ministres des puissances qui les en auroient
.il pourvus.

Art. 19. S. M. ayant fixé des appointemens aux
Consuls, pour leur tenir lieu du droit de consulat
qui leur était anciennement attribué, il leur est
défendu de percevoir aucuns droits sous quelque
, prétexte que ce puisse être.

Art. 20. Défend S. M. aux Consuls de faire
aucun commerce directement ou indirectement,
sous peine de révocation.

Art. 21. Défend pareillement S. M. aux Consuls d'emprunter aucune sommes des Turcs, Maures, Grecs, Juifs, et autres sujets du Grand-Seigneur et des princes de Barbarie, sous peine de révocation.

Art. 22. S. M. leur défend, sous les mêmes peines, de se marier sans en avoir obtenu son agrément.

Art. 23. Les Consuls du Levant et de Barbarie, ne pourront s'absenter de leur département, sans en avoir obtenu la permission de S. M.

Art. 24. En cas d'absence, le Consul appelera le vice-consul de son département qu'il jugera le plus capable, pour venir remplir ses fontions, et il enverra l'élève vice-consul, servant près de lui, faire le service du vice-consul qu'il aura appelé. Dans le cas où le Consul qui s'absentera n'aura d'autre vice-consul dans son département que l'élève qui servira auprès de lui, celui-ci remplira les fonctions consulaires.

Art. 25. Tout Consul, qui se trouvera dans le cas de quitter une place par retraite, ou pour passer à une autre destination, laissera la correspondance, et tous les autres papiers concernant le service dont il était chargé, à l'officier qui viendra le remplacer. Ils en dresseront ensemble un inventaire, dont il sera fait trois copies qu'ils signeront, l'une desquelles sera envoyée au secrétaire d'État ayant le département de la marine ; l'autre, sera gardée par l'officier remplacé, pour lui servir de décharge ; et la troisième sera jointe aux papiers du consulat.

ART. 26. Lorsqu'un Consul recevra des ordres pour s'absenter momentanément du lieu de sa résidence, ou qu'il sera obligé d'en partir avant l'arrivée de l'officier destiné à le remplacer, il laissera les papiers dont il était chargé avec leur inventaire à l'élève vice-consul résidant sur l'échelle ; et à défaut, il déposera lesdits papiers et inventaire en la chancellerie, pour être remis à l'officier destiné à remplir ses fonctions.

ART. 27. En cas de mort d'un Consul, l'élève vice-consul employé sur l'échelle, en informera le plus ancien vice-consul du département, pour qu'il vienne remplir l'*interim*, et en attendant, il sera chargé des affaires du consulat : à l'arrivée du vice-consul, l'élève vice-consul ira le remplacer ; et dans le cas où il n'y aura dans le département du Consul mort, aucun vice-consul, l'élève restera chargé des affaires jusqu'à l'arrivée des ordres du secrétaire d'État ayant le département de la marine.

ART. 28. Après le décès d'un Consul, il sera fait par le chancelier, un inventaire des papiers du consulat, en présence de l'élève vice-consul et des députés de la nation ; pour être lesdits papiers remis à l'élève avec copie en forme dudit inventaire ; et s'il n'y a pas d'élève vice-consul , ils seront déposés en chancellerie , et remis ensuite à celui qui viendra exercer les fonctions de Consul.

Des vice-consuls.

ART. 29. Tout vice-consul employé dans le département d'un Consul , sera subordonné audit Consul.

ART. 30. Il rendra compte des affaires de son échelle , au secrétaire d'État ayant le département de la marine , et au Consul du département.

ART. 31. Il demandera les ordres du Consul dans toutes les affaires importantes.

ART. 32. Aucun vice-consul du Levant ne pourra être nommé Consul, qu'il n'ait été employé pendant trois ans en cette qualité.

ART. 33. Les élèves vice-consuls qui auront servi pendant six ans auprès des Consuls-généraux de Barbarie , pourront être nommés Consuls en Barbarie , et même en Levant , sans avoir passé par le grade de vice-consul.

ART. 34. En cas d'absence ou de mort d'un vice-consul , il sera remplacé par l'élève vice-consul du département.

ART. 35. Les dispositions de la présente ordonnance relatives aux Consuls , seront communes aux

vice-consuls dans tous les cas sur lesquels S. M.
n'a pas statué autrement.

Des élèves vice-consuls.

Art. 36. On ne pourra obtenir de brevet d'élève
vice-consul que depuis l'âge de vingt ans, jusqu'à
l'âge de vingt-cinq ans.

Art. 37. Ils seront choisis de préférence parmi
les fils et les neveux des Consuls du Levant et de
Barbarie.

Art. 38. Dès qu'un élève sera nommé, il se
rendra par la première occasion auprès du Consul
sous les ordres duquel il devra servir.

Art. 39. Il lui sera payé, après sa nomination,
par le trésorier de la caisse de la chambre du commerce de Marseille, une gratification de cinq cents
livres pour subvenir aux frais de son voyage, ou
autres dépenses qu'il pourra être obligé de faire; et
il ne pourra plus prétendre à d'autre gratification,
en cas de promotion ou de déplacement.

Art. 40. Les élèves vice-consuls seront logés
chez les Consuls et nourris à leur table.

Art. 41. Ils assisteront à toutes les fonctions
consulaires à côté des Consuls; mais ils n'en pourront exercer aucune, que par ordre exprès desdits
Consuls, ou en leur absence.

Art. 42. Ils s'occuperont à acquérir toutes les

connaissances relatives à l'administration des consulats , et prendront toutes les instructions qui leur seront indiquées par les Consuls.

Art. 43. Ils étudieront les langues orientales , et principalement la langue turque. S. M. leur ordonne de prendre à leur arrivée un maître de langue turque , et enjoint expressément aux Consuls de tenir la main à l'exécution de ces dispositions.

Art. 44. Les Consuls feront examiner en leur présence , à la fin de chaque année , les élèves par des drogmans , sur l'étude de la langue turque. Les drogmans après l'examen , dresseront une attestation de l'intelligence , de l'application et des progrès que les élèves auront montrés dans l'examen. Ils signeront ladite attestation , et la remettront aux Consuls qui l'adresseront au secrétaire d'État ayant le département de la marine.

Art. 45. Les Consuls feront transcrire par les élèves vice-consuls, et pour leur instruction, dans des registres , les lettres et mémoires que lesdits Consuls feront ou qu'ils recevront , ayant pour objet le service du Roi, l'administration , le commerce et la navigation des sujets de S. M. ; lesquels registres feront partie des papiers du consulat.

Art. 46. Les élèves vice-consuls feront également pour leur instruction , un extrait de toutes les affaires contentieuses qui auront été portées par devant les Consuls , et des jugemens qui seront intervenus ; ils les inscriront dans un registre qu'ils tiendront à cet effet , et qui fera également partie des papiers du consulat.

ART. 47. Pour être en état de juger de l'application et de la capacité des élèves , le secrétaire d'État ayant le département de la marine, désignera à la fin de chaque année un sujet , sur lequel ils seront tenus de rédiger un mémoire qu'ils remettront aux Consuls dans le courant du mois d'Août de l'année suivante , lequel mémoire sera envoyé par les Consuls au secrétaire d'État.

ART. 48. Pour mettre encore les élèves plus à portée d'acquérir des connaissances générales sur l'administration des consulats , S. M. les fera passer successivement d'un département à l'autre.

ART. 49. S. M. accordera toutes les années une gratification de trois cents livres à chacun des deux élèves vice-consuls, qui se seront le plus distingués par leur bonne conduite, leur exactitude à remplir leurs devoirs , et leurs progrès dans les différens objets d'instruction qui leur sont prescrits.

ART. 50. Ceux qui auront montré constamment plus d'application , d'intelligence et de bonne conduite , seront avancés de préférence , sans avoir égard à l'ancienneté.

ART. 51. Aucun élève ne pourra être employé en qualité de vice-consul , qu'après avoir servi au moins pendant deux ans.

Art. 52. S. M. défend aux élèves vice-consuls, sous peine de révocation, de se marier sans sa permission, et de faire aucun emprunt.

Art. 53. Ils se tiendront vis-à-vis des Consuls dans la subordination la plus exacte, et seront révoqués pour la moindre insubordination.

Art. 54. S. M. leur enjoint de se conduire avec sagesse et honnêteté ; leur inconduite serait punie sévèrement, même par la révocation.

Uniforme des Consuls, vice-consuls et élèves vice-consuls.

Art. 55. L'uniforme des Consuls-généraux, des Consuls, des vice-consuls et des élèves vice-consuls, sera composé conformément à l'ordonnance du 9 Décembre 1776, d'un habit de drap bleu de Roi avec parement de même couleur, veste et culotte de drap écarlate, doublure de l'habit de serge écarlate, manches en botte, boutonnières jusqu'à la taille, trois sur chacune des poches et des manches, boutons de cuivre doré, timbrés aux armes du Roi.

L'habit et la veste des Consuls-généraux seront bordés à la bourgogne, d'un galon d'or de neuf lignes de largeur, et d'un autre de dix-huit lignes ; le grand galon double sur les manches et sur les poches , conformément aux modèles qui ont été envoyés dans chaque échelle.

L'habit et la veste des Consuls seront bordés comme ceux des Consuls-généraux , à l'exception des manches et des poches , sur lesquelles le grand galon sera simple.

Les vice-consuls auront sur l'habit et sur la veste le grand galon de dix-huit lignes , et simple sur les manches et sur les poches ; et les élèves vice-consuls auront sur l'habit et sur la veste , le petit galon de neuf lignes , et simple sur les manches et sur les poches.

Art. 56. S. M. défend aux Consuls, vice-consuls et élèves vice-consuls , de porter d'autre habit que l'uniforme ci-dessus , dans les fonctions publiques de leurs charges , telles que visites de cérémonies et assemblées nationales.

Art. 57. Les Consuls, vice-consuls et élèves vice-consuls pourront porter hors les cérémonies et fonctions publiques , un petit uniforme des couleurs et avec les boutons désignés ci-dessus ; celui des Consuls sera distingué par le petit galon de neuf lignes , qu'ils feront mettre seulement sur le colet de l'habit ; le petit uniforme des vice-consuls et élèves vice-consuls sera sans galons.

Art. 58. Ils pourront substituer au drap une étoffe plus légère , mais de même couleur.

Art. 59. Défend S. M. à tous ses autres sujets

qui résident dans les échelles du Levant et de Barbarie, d'y porter soit des habits bleus galonnés en or, soit des habits bleus avec des vestes rouges.

Art. 60. Les Consuls, vice-consuls et élèves vice-consuls qui auront un grade dans le service militaire, pourront porter l'épaulette de leur grade sur leur uniforme de Consul ou de vice-consul ou d'élève vice-consul : Défend S. M. à ceux qui n'auront pas de grade militaire, d'ajouter à leur uniforme aucune épaulette ou autre marque militaire, sous peine de désobéissance.

Appointemens des Consuls, vice-consuls et élèves vice-consuls.

Art. 61. Les appointemens des Consuls, vice-consuls et élèves vice-consuls des échelles du Levant et de Barbarie, seront payés à l'échéance de chaque quartier, suivant l'arrêt du conseil du 27 Novembre 1779.

Art. 62. En cas d'absence par congé ou autrement, les Consuls et les vice-consuls ne jouiront que de la moitié de leurs appointemens.

Art. 63. Les vice-consuls qui rempliront les fonctions des officiers absens ou morts, jouiront pendant l'*interim* de la moitié des appointemens de leur vice-consulat ; et de la moitié de ceux des officiers qu'ils remplaceront.

ART. 64. Les élèves vice-consuls qui remplaceront par *interim*, des Consuls ou des vice-consuls,
jouiront de la totalité de leurs appointemens et de
la moitié des appointemens des officiers dont ils
rempliront les fonctions.

ART. 65. En cas de mort d'un Consul ou d'un
vice-consul, la moitié de ses appointemens échus
pendant la vacance, sera allouée au Consul ou
vice-consul qui sera nommé à sa place, pour lui
tenir lieu de gratification.

Retraites des Consuls et vice-consuls.

ART. 66. Il sera accordé pour retraite, savoir :

Aux Consuls généraux, après quinze ans de service
en Levant et en Barbarie   2,500 liv. de pension.

Après vingt ans   .   .   . 3,500

Après vingt-cinq ans   .   . 4,500

Après trente ans   .   .   . 6,000

Aux Consuls, après quinze
ans de service   .   . 1,500

Après vingt ans   .   . 2,000

Après ving-cinq ans   .   . 3,500

Après trente ans   .   . 5,000

Aux vice - consuls, après
quinze ans de service   . 900

Après vingt ans   .   .   . 1,500

Après vingt-cinq ans   . 2,000

Après trente ans   .   . 3,000

Art. 67. Lesdites retraites seront payées moitié par le trésor royale , et moitié par la caisse de la chambre du commerce de Marseille.

Art. 68. Les Consuls et les vice-consuls ne pourront prétendre aux retraites fixées par l'article 66 , qu'autant qu'il n'y aura pas eu interruption dans leur service en Levant et en Barbarie.

Art. 69. Il ne sera accordé aucune retraite avant quinze ans de service , excepté dans les cas d'accident ou d'infirmité , sur lesquels S. M. se réserve de statuer.

Des Agens des Consuls.

Art. 70. S. M. autorise ses Consuls dans les échelles du Levant et de Barbarie , à nommer des agens dans les lieux de leur département où elle n'a pas d'officiers , lorsque son service et l'intérêt du commerce de ses sujets pourront l'exiger.

Art. 71. Les Consuls informeront le secrétaire d'état ayant le département de la marine , du choix qu'ils auront fait et des motifs qui l'auront déterminé , pour obtenir son agrément.

Art. 72. Les agens seront toujours choisis parmi les négocians , dans les lieux où il y aura des établissemens de commerce.

Art. 73. Ils rendront au sujets du Roi tous les bons offices qui pourront dépendre d'eux. Ils veilleront à l'exécution des ordonnances de S. M.

'I Ils informeront les Consuls de tout ce qui se pas-
a sera dans le lieu de leur résidence , et se confor-
I meront au surplus aux ordres qu'ils en recevront.

Art. 74. Défend S. M. aux agens des Consuls de
percevoir aucun droit ou rétribution , à quelque
titre et sous quelque prétexte que ce puisse être.

Art. 75. Leur défend également S. M. de porter
aucune espèce d'uniforme.

*Des Secrétaires-Interprétes de S. M. pour les
Langues orientales.*

Art. 76. Les places de secrétaires-interprêtes de
S. M. pour les langues orientales seront fixées à trois.
Un desdits secrétaires-interprêtes de S. M. sera toujours à la suite de la cour : les deux autres résideront à Paris.

Art. 77. Ils seront choisis parmi les drogmans
du Levant et de Barbarie , et nommés par S. M. ,
sur la présentation du secrétaire-d'état ayant le
département de la marine.

Art. 78. Ils seront employés à la traduction de la
correspondance , à la conduite des ambassadeurs et
envoyés des Souverains de Barbarie , aux études
des élèves destinés à remplir les places de drogmans , et aux autres objets dont ils seront chargés
par le secrétaire d'état ayant le département de la
marine.

Art. 79. Les appointemens des secrétaires-interprêtes de S. M. continueront d'être payés sur

les fonds de la marine , suivant l'état arrêté par Sa Majesté.

Des Drogmans employés en Levant.

Aʀт. 80. Les drogmans seront choisis parmi les élèves entretenus en Levant. Ils seront nommés provisoirement aux places vacantes dans les échelles du Levant , par l'ambassadeur du Roi à la Porte Ottomane , qui rendra compte de leur nomination au secrétaire d'état ayant le département de la marine , pour obtenir l'agrément de S. M.

Il leur sera payé une gratification de trois cents liv. par le trésorier de la chambre du commerce de Marseille , lorsqu'ils passeront , par ordre , d'une échelle à l'autre.

Aʀт. 81. On n'aura égard qu'au mérite pour la nomination desdits drogmans et pour leur avancement successif ; mais à mérite égal , les plus anciens seront toujours préférés.

Aʀт. 82. Le premier drogman de France à la Porte , aura le brevet de secrétaire-interprête de Sa Majesté.

Aʀт. 83. Il sera accordé un brevet de secrétaire-interprête du Roi à chacun des deux plus anciens drogmans. Il leur sera également accordé à chacun une pension de 1500 livres sur le trésor royal.

Aʀт. 84. Pour exciter le zèle et l'émulation des drogmans , S. M. veut bien encore accorder un

d brevet de secrétaire-interprète et une pension de
) cinq cents livres sur les fonds de la caisse de la
, chambre du commerce de Marseille, à chacun des
, deux drogmans qui auront le mieux mérité par leurs
, services.

Art. 85. Les drogmans qui auront les quatre pensions mentionnées dans les deux articles précédens, ne pourront les conserver lors de leur retraite; elles passeront à ceux des drogmans en activité qui seront dans le cas de les obtenir.

Art. 86. Les drogmans exécuteront, sous peine de révocation, les ordres qui leur seront donnés pour le service par l'ambassadeur du Roi à Constantinople; et dans les autres échelles, par les Consuls et vice-consuls.

Art. 87. Ils rendront compte à l'ambassadeur, et aux Consuls ou vice-consuls, des affaires qu'ils auront traitées auprès des puissances du pays, des propositions et des réponses qui auront été faites : leur enjoint S. M. de rendre fidèlement les paroles qu'ils auront été chargés de porter de part et d'autre, et de mettre la plus grande exactitude dans les traductions qu'ils feront, sous peine de punition.

Art. 88. Défend S. M., sous peine de désobéissance, aux drogmans, d'aller chez les puissances du pays, sans la permission ou les ordres de l'ambassadeur, et des Consuls ou vice-consuls.

Art. 89. Leur défend pareillement S. M. , de prêter leur ministère dans les affaires des particuliers sans leur réquisition , et sans y être autorisés par l'ambassadeur , et les Consuls ou vice-consuls.

Art. 90. Les drogmans remettront exactement dans la chancellerie , les minutes de toutes les traductions qu'ils auront faites par ordre de l'ambasdeur et des Consuls ou vice-consuls pour le service , avec les pièces originales , afin qu'on puisse y avoir recours au besoin.

Art. 91. En cas d'absence par congé , les drogmans ne jouiront que de la moitié de leurs appointemens , et ils n'auront aucune part aux émolumens de la chancellerie.

Art. 92. Défend S. M. aux drogmans , sous peine de révocation , de faire aucun commerce directement ou indirectement , d'emprunter aucunes sommes des Turcs , Maures , Grecs , Juifs et autres sujets du Grand-Seigneur et des Princes de Barbarie , et de se marier sans la permission de S. M.

Art. 93. S. M. permet aux drogmans de continuer à porter dans les échelles du Levant , l'habit oriental , ou de prendre un habit à la française , tel qu'il sera désigné par l'article suivant ; mais Elle entend que tous les drogmans d'une échelle particulière y soient habillés de la même manière ;

ils pourront en conséquence opter pour l'un ou
pour l'autre habillement, et en cas de contestation entr'eux à cet égard, elle sera décidée provisoirement par son ambassadeur à Constantinople, et par les Consuls ou vice-consuls, dans
les autres échelles du Levant, qui en rendront
compte au secrétaire d'État ayant le département
de la marine.

ART. 94. L'habillement à la française sera composé d'un habit bleu de ciel, avec paremens de même
couleur, veste et culotte chamois, doublure de
l'habit chamois, manches en botte, collet ren-
versé, boutonnières jusqu'à la poche, trois sur
chacune des poches et des manches, boutons de
cuivre doré; l'habit et la veste seront bordés d'un
galon d'or de neuf lignes; le tout conforme aux
modèles qui seront envoyés dans chaque échelle.

ART. 95. Il ne sera accordé aucune pension de
retraite aux drogmans, avant l'âge de soixante ans.

ART. 96. Lorsque les drogmans obtiendront la
permission de se retirer, il leur sera accordé des
pensions proportionnées à leur âge.

A ceux qui auront atteint
    l'âge de soixante ans.   3000 liv. de pension.
A ceux qui auront atteint
    celui de soixante-cinq
    ans. 3600

Et à ceux qui auront at-

    teint l'âge de soixante-

    dix ans. . . . . . 4000 liv. de pension.

Art. 97. Lesdites retraites seront payées moitié par le trésor royal, et moitié par la caisse de la chambre du commerce de Marseille.

Art. 98. S. M. se réserve d'accorder des retraites aux drogmans, qui par infirmité ou par tout autre motif valable, seront dans l'impossibilité de continuer le service jusqu'à l'âge de soixante ans.

Des Drogmans employés en Barbarie.

Art. 99. Le secrétaire d'État ayant le département de la marine choisira parmi les drogmans du Levant ceux qu'il jugera les plus propres pour être employés en Barbarie.

Art. 100. Les drogmans employées en Barbarie, seront tenus de se conformer à ce qui est prescrit par la présente ordonnance, pour les drogmans des échelles du Levant.

Art. 101. Ils concourront avec eux pour les brevets et pensions que S. M. a bien voulu accorder aux drogmans par les articles 83 et 84.

Art. 102. Ils ne pourront porter que l'habillement à la française, tel qu'il est réglé par l'article 94.

Des élèves destinés à remplir les places de drogmans.

Art. 103. S. M. se réserve de pourvoir par un réglement particulier, à tout ce qui concerne les élèves qu'Elle destine à remplir les places de drogmans, dont l'éducation doit être commencée en France et achevée en Levant.

Art. 104. Les élèves seront choisis parmis les fils et petits fils, et à leur défaut, parmi les neveux des secrétaires interprètes de S. M., pour les langues orientales, et des drogmans, et ne seront admis en cette qualité, que depuis l'âge de huit ans jusqu'à l'âge de douze ans.

Art. 105. La dépense pour leur éducation en France, sera payée comme par le passé, sur les fonds de la marine; et celle desdits élèves en Levant, par la caisse de la chambre du commerce de Marseille. Leur passage en Levant sera également payé par ladite caisse de la chambre du commerce, sur le pied de deux cents livres, y compris la nourriture. Il est enjoint à tous capitaines qui partiront pour le Levant, d'embarquer, moyennant ce prix, les élèves qui leur seront confiés par la chambre du commerce de Marseille.

Des chanceliers.

ART. 106. Les chancelleries du Levant et de Barbarie seront exercées à l'avenir par les drogmans, employés auprès des Consuls ou vice-consuls.

ART. 107. Le Consul ou vice-consul de chaque échelle du Levant et de Barbarie, nommera pour faire les fonctions de chancelier, un des drogmans de son échelle.

ART. 108. Ordonne S. M. que le drogman chargé de la chancellerie, ne pourra, sous ce prétexte, se dispenser du service ordinaire de drogman.

ART. 109. Dans les échelles où le service de la chancellerie pourrait empêcher le chancelier de remplir les fonctions de drogman, il sera tenu d'avoir, aux frais de la chancellerie, un commis pour copier ses expéditions. Enjoint S. M. aux Consuls et vice-consuls d'y tenir la main.

ART. 110. Le drogman, chargé d'exercer la chancellerie, prêtera serment entre les mains de l'ambassadeur du Roi à Constantinople, et des Consuls ou vice-consuls dans les autres échelles.

ART. 111. Il remplira les fonctions de greffier, tant en matière civile que criminelle, ainsi que celle de notaire; il donnera en outre toutes les assignations, fera toutes les significations pour suppléer au défaut d'huissier, et toutes les autres fonctions attribuées aux chanceliers par l'édit du mois de Juin 1778.

Art. 112. Il aura cinq registres cotés et paraphés à chaque feuillet par l'ambassadeur, le Consul ou vice-consul.

Dans le premier, il écrira tous les actes, obligations et contrats qu'il passera.

Dans le second seront inscrits les procès-verbaux d'assemblée et les délibérations de la nation.

Dans le troisième, il transcrira toutes les ordonnances du Roi, les ordres de S. M., les décisions du secrétaire d'état ayant le département de la marine, et les ordonnances de l'ambassadeur et des Consuls ou vice-consuls.

Dans le quatrième, il inscrira tous les dépôts qui seront remis en chancellerie.

Et dans le cinquième, il transcrira tous les manifestes d'entrée et de sortie.

Art. 113. Il signera dans les registres, après les parties et les témoins, tous les actes, obligations et contrats qui seront passés devant lui.

Art. 114. Il sera tenu de recevoir tous les actes et protestations qui seront faits contre les Consuls ou vice-consuls, de les leur signifier, et d'en adresser des expéditions au secrétaire d'état ayant le département de la marine, sous peine de trois cents livres d'amende applicable à la rédemption des captifs.

Art. 115. En cas de refus de la part du chancelier, les parties s'adresseront au curé de la nation. S. M. ordonne audit curé de recevoir lesdits actes, d'en donner copies au Consul ou vice-consul, et des certificats aux parties intéressées, et d'adresser des expéditions desdits actes au secrétaire d'état ayant le département de la marine.

Art. 116. Défend S. M. à ses sujets, en pareil cas, d'avoir recours aux chancelleries étrangères.

Art. 117. Défend S. M. au chancelier de recevoir les déclarations des Français et des protégés, pour des marchandises qu'ils auront chargées sur des bâtimens des sujets du Grand-Seigneur ou des princes de Barbarie.

Art. 118. Le chancelier sera chargé par l'ambassadeur, le Consul ou vice-consul, de vérifier les manifestes des bâtimens, et d'assister au débarquement des marchandises venant de France ou des autres pays d'Europe sur des bâtimens français, ainsi que de celles qui viendront à l'adresse des sujets du Roi sur des bâtimens étrangers, conformément à l'arrêt du 27 Novembre 1779.

Art. 119. Il sera tenu de délivrer les expéditions aux bâtimens qui se disposeront à partir, vingt-quatre heures après que les manifestes de chargement leur auront été remis, sans que lesdits bâtimens puissent être retenus davantage sous quelque prétexte et pour quelque cause que ce soit ; et les capitaines qui auront remis leurs manifestes les premiers , seront les premiers expédiés.

Art. 120. Les émolumens des chancelleries étant fixés dans un tarif arrêté cejourd'hui par un arrêt du conseil de S. M. , il est défendu aux chanceliers d'exiger des droits plus forts que ceux qui leur sont attribués par ledit tarif , sous les peines portées par ledit arrêt.

Art. 121. Il ne sera exigé aucune rétribution pour les originaux des procès-verbaux , des ordonnances de l'ambassadeur , et des Consuls ou vice-consuls , et des délibérations de la nation , pour l'enregistrement des ordonnances du Roi et des ordres du secrétaire d'état ayant le département de la marine , et pour toutes les écritures qu'ils seront obligés de faire par ordre de l'ambassadeur et des Consuls ou vice-consuls pour le service.

Art. 122. Il sera tenu par le chancelier un compte exact du produit des émolumens de la chancellerie, lesquels seront tous partagés par égales portions , entre les drogmans de l'échelle ; dérogeant S. M. à cet égard à l'article 8 de l'ordonnance du 9 Décembre 1776.

Art. 123. En cas d'absence ou de mort, et à défaut de drogman pour remplacer celui qui faisait les fonctions de chancelier , le Consul ou vice-consul subrogera à sa place un des sujets du Roi établi dans l'échelle, pour exercer les fonctions de chancelier pendant *l'interim* ; et ledit subrogé jouira de tous les émolumens de la chancellerie.

Art. 124. S. M. autorise son ambassadeur à Constantinople, et ses Consuls dans les autres échelles du Levant et de Barbarie, d'envoyer au besoin un commis de leur chancellerie, pour exercer les fonctions de chancelier dans les échelles de leur département où il n'y a pas d'officier du Roi ; sans que ledit commis puisse exercer aucune fonction auprès des puissances du pays.

Art. 125. Ledit commis prêtera serment avant son départ pour sa destination.

Art. 126. Il aura un registre coté et paraphé dans lequel il écrira tous les actes, obligations et contrats qu'il passera, et enverra tous les ans ledit registre à la chancellerie de son département, pour y être déposé.

Art. 127. Il sera autorisé à percevoir à son profit, les émolumens fixés par le tarif arrêté cejourd'hui.

Des Dépôts en chancellerie.

Art. 128. Toutes les sommes en deniers comptans, marchandises ou autres effets qui seront consignées ou mises en dépôt dans les chancelleries du Levant et de Barbarie, seront, conformément à l'ordonnance du 11 Septembre 1731, gardées dans

» un lieu de la maison consulaire destiné à cet effet ,
» fermant à trois clefs différentes , dont l'une demeu-
» rera entre les mains du chancelier , une autre en
» celles du Consul ou vice-consul, et la troisième en
» celles du premier député de la nation ; en sorte
» que lesdits effets ne puissent être retirés du lieu du
» dépôt qu'en leur présence.

Art. 129. Veut S. M. que tous les dépôts qui se
» trouveront actuellement dans les chancelleries du
» Levant et de Barbarie , et qui y auront été faits de-
» puis dix ans , en soient retirés dans un an , à
» compter du jour de la publication de la présente
» ordonnance , dans chacune des échelles du Levant
» et de Barbarie.

Art. 130. Veut pareillement que ceux desdits
» dépôts, faits depuis moins de dix ans, actuellement
» subsistans , et ceux qui seront faits dans la suite ,
» soient aussi retirés dans dix années , à compter du
» jour qu'ils auront été faits.

Art. 131. Ordonne S. M. que les dépôts qui
» n'auront pas été réclamés dans les termes portés
» par les articles 129 et 130 , seront envoyés par les
» Consuls ou vice-consuls, à la chambre du com-
» merce de Marseille , pour être par ladite chambre
» remis au supérieur de la rédemption des captifs ;
» à la charge toutefois par ledit supérieur, d'en rendre
» la valeur aux particuliers qui auront droit de les ré-
» clamer , et qui seront reçus à le faire pendant vingt

ans , à compter du jour que lesdits dépôts lui auront été remis ; passé lequel temps , la valeur desdits dépôts sera employée à l'œuvre de la rédemption.

Art. 132. L'ambassadeur et les Consuls et vice-consuls enverront à la fin de chaque année au secrétaire d'état ayant le département de la marine , un état des dépôts qui existoient à la fin de l'année précédente , dans les chancelleries , et de ceux qui auront été faits dans le courant de l'année; ils feront mention dans ledit état du nom de ceux qui auront remis lesdits dépôts , et de la date à laquelle ils auront fait cette remise.

Art. 133. Ils émargeront dans lesdits états les articles qui auront été retirés , vendus ou envoyés à la chambre du commerce de Marseille , en faisant mention dans l'émargement , de la date à laquelle lesdits dépôts auront été retirés, vendus ou envoyés à ladite chambre ; du prix de la vente , des noms de ceux qui auront retirés lesdits dépôts , des titres en vertus desquels ils auront été retirés , et des noms des capitaines et des bâtimens par lesquels ils auront été envoyés à ladite chambre.

§ *Des curés, chapelains, missionnaires et religieux sous la protection de France.*

Art. 134. L'ambassadeur du Roi à Constantinople, les Consuls et les vice-consuls dans les autres échelles, protégeront tous les prêtres séculiers et réguliers qui se trouveront en Levant et en Barbarie, à titre de missionnaires, curés et chapelains français, et tous les religieux qui sont sous la protection de France. Ils les feront jouir des égards dûs à leur caractère, et des priviléges qui leur sont accordés par les capitulations avec la Porte Ottomane.

Art. 135. Lesdits prêtres séculiers et réguliers et autres religieux, seront tenus de se conduire avec décence, suivant les règles et les devoirs de leur état : leur défend S. M. de s'immiscer dans les affaires de la nation française, des particuliers et des gens du pays, d'avoir des liaisons suspectes, d'intriguer, de causer du scandale, et de troubler le bon ordre, à peine d'être renvoyés en chrétienté.

Art. 136. Défend pareillement S. M., tant aux prêtres et aux religieux français, qu'à ceux qui sont sous sa protection, de marier aucuns de ses sujets, sans s'être assurés par l'ambassadeur et les Consuls ou vice-consuls, faisant les fonctions de Consuls, que lesdits sujets en auront

obtenu la permission du secrétaire d'État ayant le
département de la marine , à peine d'être renvoyés
en chrétienté.

Art. 137. L'ambassadeur et les Consuls et vice-
consuls , faisant les fonctions de Consuls , rendront
compte au secrétaire d'État ayant le département
de la marine , des ordres qu'ils auront donnés pour
le renvoi des prêtres et autres religieux , et des
motifs qui les auront déterminés.

Art. 138. Tout prêtre ou autre religieux , qui
aura été renvoyé en chrétienté , et dont le renvoi
aura été ordonné ou approuvé par le secrétaire
d'État ayant le département de la marine , ne
pourra plus passer dans aucune échelle du Levant
ou de Barbarie ; en conséquence ledit secrétaire
d'État enverra à l'ambassadeur , aux Consuls et
vice-consuls de toutes les échelles, les noms et sur-
noms desdits prêtres ou religieux renvoyés , pour
que l'ambassadeur et lesdits Consuls et vice-consuls
aient à les faire embarquer sur le champ , s'ils pa-
raissaient dans leur échelle.

Art. 139. Les Consuls et les vice-consuls feront
tout ce qui dépendra d'eux , pour entretenir la
subordination des religieux envers leurs supérieurs.

Art. 140. Défend S. M. aux missionnaires français de faire en Levant et en Barbarie de nouvelles

acquisitions, sans une permission expresse de sa part.

ART. 141. Les religieux de Terre-sainte, faisant dans certaines échelles le service des cures et des chapelles françaises, les supérieurs desdits religieux seront tenus d'employer à ce service des religieux français, lorsqu'ils en auront à leur disposition. Les Consuls et vice-consuls rendront compte exactement au secrétaire d'État ayant le département de la marine, de la négligence ou de la mauvaise volonté que lesdits supérieurs pourraient apporter à l'exécution du présent article.

ART. 142. La messe nationale se dira à neuf heures du matin depuis Pâques jusqu'à la Toussaint, et a dix heures depuis la Toussaint jusqu'à Pâques.

ART. 143. S. M. se réserve au surplus de pourvoir par des réglemens particuliers à tout ce qui peut être relatif aux missions françaises dans le Levant et la Barbarie, aux cures françaises et aux chapelles consulaires.

De la protection accordée aux étrangers.

ART. 144. Les Consuls et les vice-consuls, faisant les fonctions de Consuls, n'accorderont la protection du Roi qu'à ceux des sujets du Grand-Seigneur, qui seront employés pour l'utilité de la

35.

nation ; cette protection sera personnelle, et ne sera relative qu'aux affaires de la nation.

ART. 145. Les Consuls et les vice-consuls n'accorderont des lettres de protection qu'en conséquence des délibérations de la nation.

ART. 146. Ceux, pour lesquels on demandera des lettres de protection , seront cautionnés par la nation en corps , ou par un négociant français, pour répondre de leur conduite et de leurs actions , et il en sera passé acte à la chancellerie.

Des cérémonies publiques.

ART. 147. Lorsqu'un Consul ou un vice-consul arrivera dans l'échelle où il doit résider, il fera prévenir de son arrivée l'officier chargé des affaires du consulat, pour qu'il fasse les démarches nécessaires , afin que ledit Consul ou vice-consul soit reçu dans le pays suivant les usages.

ART. 148. Toutes les fois qu'un Consul , un vice-consul ou un élève vice-consul , remplissant les fonctions de Consul , sera dans le cas de faire des visites de cérémonie aux puissances du pays , et de marcher avec le corps de la nation , toute la nation se rendra chez lui en habit décent pour l'accompagner. En partant de la maison consulaire, les drogmans le précéderont ; il sera suivi par les négocians , ayant à leur tête les députés ; après les négocians , marcheront les capitaines des bâtimens marchands et les commis ; ensuite toutes les personnes attachées à la nation ; ce cortége le reconduira chez lui dans le même ordre.

ART. 149. Pendant les visites, le même ordre de préséance sera observé, à l'exception des drogmans qui viendront se placer sans distinction parmi les négocians ; si cependant leur ministère était nécessaire , ils prendraient la place la plus convenable pour remplir leurs fonctions.

ART. 150. Lorsque le Consul se trouvera dans des cérémonies publiques avec les commandans des bâtimens du Roi , l'élève vice-consul ne prendra aucun rang, ainsi qu'il sera statué au titre de la relâche des bâtimens du Roi.

ART. 151. Dans tous les cas où les Consuls étrangers se trouveront assemblés , avec le Consul de France , l'élève vice-consul ne pourra également prétendre aucun rang.

ART. 152. Les jours de Pâques , Pentecôte , Assomption , St.-Louis , la Toussaint et Noël , et dans les occasions du *Te Deum* , ou autres circonstances extraordinaires , le corps de la nation se rendra en habit décent chez le Consul , vice-consul , ou celui qui en remplira les fonctions, pour l'accompagner à l'église ou à la chapelle consulaire , et le reconduira après le service divin.

ART. 153. Aucune personne du corps de la nation

ne pourra se dispenser, sans motif valable, d'assister aux cérémonies publiques, conformément à la présente ordonnance, sous peine de trente livres d'amende applicable à la rédemption des captifs.

Art. 154. Il n'y aura de place de distinction dans l'église ou la chapelle consulaire, que pour le Consul, le vice-consul, ou l'élève vice-consul lorsqu'il remplira les fonctions de Consul ou de vice-consul.

Art. 155. Dans les fêtes solennelles, les Consuls et vice-consuls recevront l'eau bénite, l'évangile à baiser, l'encens et le flambeau des mains des ministres de l'autel.

Art. 156. Les Consuls et vice-consuls pourront faire placer leurs femmes à côté d'eux, même sur leur prie-Dieu, mais dans aucun cas elles ne recevront aucun honneur à l'église.

Art. 157. En cas d'absence ou d'empêchement des Consuls et vice-consuls, leurs femmes pourront prendre à l'église la même place qu'elles occuperaient si leurs maris étaient présens.

TITRE II.

De la résidence et du commerce des Français dans les échelles du Levant et de Barbarie.

Des passeports, certificats ou permissions.

Art. 1. Sa Majesté fait très-expresses inhibitions et défenses à tous ses sujets, de passer dans les échelles du Levant et de Barbarie, sans avoir obtenu d'Elle préalablement un passeport contre-signé par le secrétaire d'État ayant le département de la marine, ou un certificat ou permission de la chambre du commerce de Marseille, à peine d'être renvoyés en France, et de cinq cents livres d'amende applicable à la rédemption des captifs.

Art. 2. Défend S. M. à tous capitaines, maîtres ou patrons de bâtimens français, de les recevoir à leur bord, qu'ils n'aient fait apparoir de leur passeport, certificat ou permission, sous peine d'interdiction.

Art. 3. Défend S. M. à la chambre du commerce de Marseille, de délivrer aucun certificat ou permission aux sujets du Roi, pour aller résider en Levant ou en Barbarie, qu'ils n'aient atteint l'âge de dix-huit ans accomplis.

Art. 4. Ordonne S. M. à ladite chambre, de ne délivrer aucun certificat ou permission aux négocians et leurs commis ou autres personnes qui leur seront attachés, que les formalités prescrites par l'édit de ce jour n'aient été remplies.

Art. 5. Défend S. M. à la chambre du commerce de Marseille, de délivrer des permissions à des artisans, pour résider dans lesdites échelles, s'il ne lui conste, par un acte passé en chancellerie, que le corps de nation de l'échelle se soumet à être caution desdits artisans.

Art. 6. Un an après la publication de la présente ordonnance dans les chancelleries du Levant et de Barbarie, tous les négocians, qui y seront établis, seront tenus de représenter à l'ambassadeur du Roi et aux Consuls et vice-consuls, et de faire enregistrer dans les chancelleries les certificats qu'ils auront obtenus, en vertu des cautionnemens qu'ils auront fournis à la chambre du commerce de Marseille en la forme prescrite par l'édit de ce jour.

Art. 7. Enjoint S. M. à son ambassadeur à Constantinople, aux Consuls et aux vice-consuls des autres échelles, de renvoyer en France tous les négocians et les personnes qui leur seront attachées, si lesdits négocians n'ont pas fourni à la chambre, dans ledit délai d'une année, les cautionnemens, en la forme prescrite par l'édit

b de ce jour , et obtenu en conséquence leurs certi-
il ficats de résidence.

Art. 8. Enjoint pareillement S. M. auxdits ambassadeurs , Consuls et vice-consuls, de renvoyer,
trois mois après la publication et l'enregistrement
en chancellerie de la présente ordonnance , tous
les artisans que le corps de nation des échelles ne
voudra pas cautionner.

Art. 9. Leur enjoint en outre de faire embarquer sur le champ tous les sujets du Roi qui se
trouveront dans les échelles, lors de la publication
et l'enregistrement de la présente ordonnance ,
sans y exercer aucun état , et sans être munis d'une
permission expresse de S. M.

Art. 10. Tout Français qui tenterait de se soustraire à l'autorité du Roi , en se mettant sous une
protection étrangère , sera renvoyé en France :
enjoint S. M. à tous ses officiers employés en Levant
et en Barbarie , de faire exécuter rigoureusement
la présente disposition.

Art. 11. Les étrangers vagabonds qui n'auront
pas de Consuls dans les échelles , pourront être
renvoyés par les Consuls ou vice-consuls de S. M.,
aux frais de la nation , si leur séjour sur l'échelle
peut lui être préjudiciable.

Art. 12. L'ambassadeur du Roi à Constantinople , les Consuls et les vice-consuls rendront
compte au secrétaire d'État ayant le département

de la marine, des ordres qu'ils donneront pour renvoyer en France les sujets de S. M. et les étrangers.

ART. 13. Tout sujet du Roi, renvoyé de quelque échelle du Levant ou de Barbarie par un ordre donné ou autorisé par le secrétaire d'État ayant le département de la marine, ne pourra plus être admis dans aucune échelle.

ART. 14. Les Français d'origine, nés en Levant ou en Barbarie, qui se trouveront dans les échelles, lors de la publication de la présente ordonnance, seront tenus de se procurer dans trois mois le cautionnement de la nation ou celui d'un négociant français. Et faute de ce faire dans ledit délai, enjoint S. M. auxdits originaires Français de se retirer en France, sous peine d'être déchus de la qualité de Français et privés de sa protection.

ART. 15. Il sera dressé dans chaque échelle un état de tous les Français établis en Levant ou en Barbarie, en vertu des certificats ou permissions de la chambre du commerce de Marseille, et des cautionnemens fournis par la nation, ou par les négocians, lequel sera affiché dans la chancellerie. L'ambassadeur du Roi a Constantinople, les Consuls et les vice-consuls dans les autres échelles, en enverront a la fin de chaque année au secrétaire d'État ayant le département de la marine, une copie certifiée et signée par eux.

De la résidence dans les échelles où il n'y a ni Consul ni vice-consul.

ART. 16. Défend S. M. à la chambre du commerce de Marseille, de délivrer des certificats pour les échelles où il n'y a pas d'officiers du Roi.

ART. 17. Toutes les échelles où il n'y a pas d'officiers du Roi, seront annexées à celles où ces officiers font leur résidence, et les départemens seront déterminés de la manière suivante, à savoir :

Le département de Constantinople s'étendra sur les côtes de la Turquie européenne, jusques et compris la Cavale, et sur celles de l'Asie, jusqu'au Cap Baba, y compris les îles de Tenèdos et de Lemnos, les établissemens d'Andrinople, de Brousse et d'Angora, seront également du département de Constantinople.

Le département du consulat général de Smirne s'étendra sur les côtes de l'Asie, depuis le Cap Baba jusqu'au Cap Célidonia, et sur toutes les îles de l'Archipel qui ne seront pas comprises dans les autres départemens.

Le département du consulat général de Chypre comprendra l'île de ce nom, et s'étendra sur les côtes de l'Asie, depuis le Cap Célidonia jusqu'au Cap Malo.

36.

Le département du consulat général d'Alep s'étendra sur les côtes de l'Asie, depuis le cap **Malo** jusqu'à l'Attaquie, et comprendra dans les **terres** le gouvernement du Pacha d'Alep.

Le département du consulat général de Bagdad comprendra le gouvernement du Pacha de Bagdad, jusques et compris Bassora et ses dépendances.

Le département du consulat de Tripoli de Syrie s'étendra sur les côtes de l'Asie, depuis l'Attaquie jusqu'aux environs de Baruth.

Le département du consulat général de Seyde et de Palestine s'étendra depuis et compris Baruth jusqu'en Egypte, et comprendra dans les terres, Jérusalem et toute la Palestine.

Le département du consulat général d'Egypte comprendra l'Egypte et les ports de la mer rouge, sur les côtes de l'Arabie.

Le département du consulat général de la Canée comprendra l'île de Candie et ses dépendances.

Le département du consulat général de Morée s'étendra sur les côtes d'Europe, depuis la frontière de Turquie jusqu'au golfe de Volo, et comprendra le royaume de Morée, l'île de Négrepont et les autres îles situées dans les différens golfes de la Morée.

Le département du consulat de Salonique s'étendra sur les côtes d'Europe depuis et compris le

golfe de Volo jusque la Cavale, et sur les îles situées dans les différens golfes de ce département.

Le département du consulat général de Tripoly
de Barbarie comprendra le royaume de Tripoly.

Le département du consulat général de Tunis
comprendra le royaume de Tunis.

Le département du consulat général d'Alger comprendra le royaume d'Alger.

Le département du consulat général de Maroc
comprendra l'Empire de Maroc.

Art. 18. Les concessions faites à la compagnie
royale d'Afrique, ne seront pas comprises dans les
départemens des Consuls de S. M. en Barbarie,
et seront immédiatement dans la dépendance et
sous la police des officiers de ladite compagnie.

Art. 19. Nul Français ne pourra aller s'établir
dans les échelles où il n'y a pas d'officiers du Roi,
soit pour y gérer ses propres affaires, soit pour
gérer celles de quelques particuliers, soit pour y
être facteur du corps de nation d'une échelle, qu'a-
près en avoir obtenu la permission par écrit de
l'ambassadeur du Roi ou des Consuls, dans les départemens desquels se trouvera l'échelle où il
voudra résider.

Art. 20. L'ambassadeur et les Consul n'accorderont ces permissions qu'aux Français qui résideront dans leur échelle, et qui auront été cautionnés
à la chambre du commerce de Marseille.

Art. 21. Les établissemens français qui seront dans le département et hors la résidence des officiers du Roi , seront censés faire partie des établissemens de l'échelle de leurrésidence , et seront sous leur administration et sous leur police.

Art. 22. Les négocians français pourront , avec la permission par écrit du Consul de leur échelle, envoyer des commis dans les échelles indépendantes du département où ils résident , pour y faire des achats , ventes et autres opérations , et lesdits commis seront sous la police du Consul dans le département duquel ils se trouveront , et sous le cautionnement des maisons de commerce qui les auront envoyés.

Art. 23. Un an après la publication de la présente ordonnance , l'ambassadeur du Roi et les Consuls feront retirer des lieux de leur département où il n'y a pas d'officiers du Roi , tous les Français qui n'auront pas obtenu de permission pour y résider.

Des Mariages.

Art. 24. Veut S. M. qu'aucun de ses sujets , de quelque qualité et état qu'il soit , ne puisse se marier dans les échelles du Levant et de Barbarie, sans en avoir obtenu préalablement la permission ; laquelle permission ne sera accordée que sur la demande qui en sera faite par l'ambassadeur du Roi à Constantinople, et par les Consuls et vice-consuls des autres échelles : enjoint S. M. à sondit ambassadeur, aux Consuls et vice-consuls, de renvoyer incessamment tous ceux qui se marieront sans avoir obtenu ladite permission.

ART. 25. Ordonne S. M. que les femmes mariées à ses sujets porteront l'habit à la française, sous peine d'être renvoyées en France.

Des Immeubles.

ART. 26. Défend S. M. à ses sujets établis dans les échelles du Levant et de Barbarie, d'y acquérir aucun bien-fonds et immeubles, *autres que les maisons, cuves, magasins et autres propriétés nécessaires pour leur logement, et pour leurs effets et marchandises*, sous peine d'être renvoyés en France. Ordonne S. M. sous les mêmes peines, à ceux de ses sujets qui auraient d'autres biens-fonds en Levant et en Barbarie, de s'en défaire dans l'espace de dix-huit mois.

ART. 27. Leur permet néanmoins S. M. en cas de mort ou à défaut de payement de leurs débiteurs, sujets du Grand-Seigneur ou des princes de Barbarie, de faire vendre lesdits biens-fonds par autorité de justice ; mais non de les garder en payement ou à hypothèque.

Des fermes du pays.

ART. 28. Défend S. M. à tous ses sujets, de prendre des biens fonds et autres objets à ferme, soit du Grand-Seigneur, soit des Princes de Barbarie ou de leurs sujets, ni de faire des associations avec les fermiers, douaniers et autres, sous peine d'être renvoyés en France.

ART. 29. Permet cependant S. M. à ses sujets, de percevoir le revenu des biens fonds et autres objets affermés à leurs débiteurs, et ce seulement en cas d'absolue nécessité. Enjoint S. M. à son ambassadeur à Constantinople, aux Consuls et aux vice-consuls des autres échelles, de veiller particulièrement à ce qu'il n'y ait aucun abus à cet égard.

Des bâtimens du pays.

ART. 30. Défend S. M. à ses sujets établis en Levant et en Barbarie, et à tous ceux qui sont sous sa protection, d'avoir en propriété aucun vaisseau, Saïque et autre bâtiment du pays, à peine contre les Français d'être renvoyés en France, et contre les protégés d'être privés de la protection.

ART. 31. Défend pareillement S. M. aux Consuls, vice-consuls et autres personnes chargées des affaires de la marine, d'expédier aucuns certificats

q pour constater que les marchandises chargées sur les
I bâtimens du pays appartiennent aux sujets du Roi
) ou à ses protégés.

De la police dans les échelles.

ART. 32. Défend S. M. à ses sujets établis dans
les échelles du Levant et de Barbarie , d'avoir des
lieux d'assemblée particulière sous le nom de *Cazin*
ou autres , et de s'assembler sous quelque prétexte
que ce soit , sans la permission de l'ambassadeur
du Roi à Constantinople , et des Consuls ou vice-
consuls dans les autres échelles.

ART. 33. Défend Sa Majesté à tous ses sujets
d'aller chez les puissances du pays , sans la permission de l'ambassadeur et des Consuls ou vice-
consuls.

ART. 34. Défend également S. M. à tous Français
établis en Levant et en Barbarie , de jouer aux jeux
de hasard , sous peine d'être renvoyés en France et
d'être punis suivant les ordonnances. Enjoint S. M.
à son ambassadeur à Constantinople , aux Consuls
et aux vice-consuls des autres échelles , d'informer le secrétaire d'État ayant le département de la
marine , des contraventions commises à cet égard,
soit à terre , soit à bord des bâtimens marchands
français dans les rades et ports de leur département.

ART. 35. Défend pareillement S. M. à tous ses

sujets qui se trouveront dans les échelles du Levant
et de Barbarie, de mettre dans les lettres qu'ils
enverront en France ou en d'autres pays de chrétienté, pour être remises à leurs correspondans,
lors de l'arrivée des bâtimens, ou envoyées à la
poste, aucun échantillon de draps, étoffes, laine,
coton, soie et autres objets susceptibles de communiquer la peste, sous peine d'être punis rigoureusement suivant l'exigence des cas.

Art. 36. S. M. défend très-expressément à tous
ses sujets et protégés dans les échelles du Levant
et de Barbarie, d'acheter aucuns effets et marchandises pris sur les sujets du Grand-Seigneur et
des princes de Barbarie, par les bâtimens appartenans aux puissances ennemies desdits princes.

Art. 37. Tous les événemens, de quelqu'espèce
qu'ils puissent être, comme avanies, emprunts de-
mandés aux particuliers ou à la nation, sacs, in-
cendies, révolutions, invasions et généralement
tous les autres cas et accidens imprévus qui pourront arriver dans les échelles du Levant et de Barbarie, et tous les dommages, pertes, avances,
dépenses et fournitures seront entièrement à la
charge des particuliers.

Art. 38. Défend expressément S. M. à la chambre
du commerce de Marseille, de faire payer aucunes
sommes, ni d'établir sur le commerce général du
Levant et de Barbarie, ou toute autre, aucune levée

ou contribution pour les objets énoncés en l'article précédent.

Art. 39. Défend pareillement S. M. à ses officiers établis en Levant et en Barbarie, de faire payer par les députés des échelles, aucune somme pour lesdits objets sur les fonds appartenans à la caisse de ladite chambre, de souffrir qu'il soit mis aucune imposition sur le commerce desdites échelles, et qu'il soit fait des emprunts en corps de nation, sous quelque prétexte que ce puisse être, à peine d'en répondre personnellement.

Art. 40. Ordonne S. M. à tous Français établis dans les échelles du Levant et de Barbarie, et à tous capitaines, patrons, navigateurs et passagers, d'être réservés dans leur conduite, sous peine de punition exemplaire, contre ceux qui compromettraient la tranquillité de la nation et troubleraient l'ordre public.

Des assemblées nationales.

Art. 41. L'ambassadeur du Roi à Constantinople, les Consuls et vice-consuls convoqueront l'assemblée de la nation de leur échelle toutes les fois qu'ils le jugeront à propos pour le bien général et particulier. Dans les cas extraordinaires, il leur sera libre d'y appeler les capitaines et autres personnes qu'ils trouveront nécessaires.

Art. 42. Les Consuls et vice-consuls ne pourront jamais refuser de convoquer l'assemblée de la nation quand ils en seront requis, et de signer les délibérations prises en leur présence ; ils signeront également les lettres que la nation écrira en corps.

Art. 43. Enjoint sa Majesté aux négocians et autres sujets du Roi, de se rendre aux assemblées nationales où ils auront été appelés, sous peine de dix livres d'amende applicable à la rédemption des captifs.

Art. 44. Les assemblées ordinaires seront composées des négocians établis dans les échelles; il n'y sera admis qu'un seul associé d'une maison.

Art. 45. Les négocians qui auront fait faillite dans les échelles, ne seront pas admis dans les assemblées.

Art. 46. Les Consuls et vice-consuls n'auront pas voix délibérative dans les assemblées de la nation. Sa Majesté les autorise seulement à rompre l'assemblée, lorsqu'ils s'apercevront qu'elle sera prête à prendre, malgré leurs observations, des délibérations contraires aux ordres du Roi, et ils en rendront compte au secrétaire d'état ayant le département de la marine.

Art. 47. Conformément à l'article 112 du titre premier de la présente ordonnance, il sera tenu par le chancelier de chaque échelle, un registre coté et paraphé, dans lequel seront inscrits les procès-verbaux d'assemblées, lesquels procès-verbaux seront rédigés par le chancelier , et signés par tous ceux qui auront assisté à l'assemblée.

Art. 48. Tous les sujets du Roi résidans en Levant et en Barbarie , pourront adresser en corps de nation ou en particulier , au secrétaire d'état ayant le département de la marine , les plaintes qu'ils pourraient avoir à porter contre les Consuls ou vice-consuls. S. M. se réserve de punir sévèrement , sur le compte qui lui sera rendu , les Consuls et vice-consuls qui auraient abusé de leur autorité , ou commis des injustices envers ses sujets , mais S. M. ferait punir avec la plus grande rigueur ceux de sesdits sujets qui auraient intenté calomnieusement et mal - à - propos de pareilles plaintes.

Des députés de la nation.

Art. 49. Il sera procédé au premier jour de Décembre de chaque année à l'élection des députés dans les échelles du Levant et de Barbarie , lesquels entreront en fonction au premier Janvier suivant.

Art. 50. Aucun négociant ne pourra être élu député qu'il n'ait atteint l'âge de vingt-cinq ans , et qu'il n'ait résidé au moins deux ans dans les échelles.

Art. 51. Les négocians qui auront fait faillite dans les échelles ; ne pourront être élus députés , ni même assister à l'élection.

Art. 52. L'élection des députés sera faite par

scrutin dans une assemblée de la nation , tenue en présence de l'ambassadeur du Roi , et des Consuls et vice-consuls.

ART. 53. L'ambassadeur , et les Consuls ou vice-consuls ne pourront proposer aucun négociant pour être élu député , et laisseront la plus entière liberté , à l'assemblée pour l'élection. Lorsqu'il y aura partage de voix entre deux ou plusieurs négocians , l'ambassadeur , et les Consuls ou vice-consuls décideront le partage en faveur de celui qu'ils jugeront le plus capable.

ART. 54. Dans les échelles où la nation sera composée de six établissemens , il y aura toujours deux députés dont l'exercice durera deux années. Il n'en sera élu qu'un chaque année , de manière que le plus ancien sera premier député , et le second le remplacera en cette qualité l'année suivante, et ainsi successivement à chaque élection.

Dans les échelles où la nation ne sera que de cinq négocians et au-dessous , il n'y aura qu'un député qui sera remplacé tous les ans de la manière prescrite par les articles ci-dessus.

ART. 55. En cas de mort ou de retour en France d'un député , pendant son exercice , il sera procédé incessamment à l'élection d'un sujet pour le remplacer.

ART. 56. Aucun négociant ne pourra être de nouveau élu député que deux ans après être sorti

» d'exercice : à moins qu'il n'y eût pas sur l'échelle
» d'autre sujet éligible.

ART. 57. Lorsqu'un négociant se sera élu lui-
même, ou se sera servi de voies illicites pour être
élu député, il sera exclu pour toujours de la dé-
putation.

ART. 58. Les députés seront chargés des affaires
de la nation. Ils veilleront à l'intérêt du commerce.
Ils pourront demander des assemblées lorsqu'ils le
croiront nécessaire, et les Consuls et vice-consuls
conféreront avec eux sur tous les objets qui leur
araîtron t respectivement intéresser la nation.

ART. 59. Les députés informeront la chambre
du commerce de Marseille, des événemens qui
pourront survenir dans les échelles, et qui intéres-
seront le commerce et la navigation des sujets du
Roi. Ils lui enverront tous les trois mois l'état du
commerce d'entrée et de sortie de leur échelle ; et
à la fin de chaque année l'état des dépôts faits en
chancellerie.

De la Recette et des Dépenses dans les échelles du Levant et de Barbarie.

ART. 60. Les députés de la nation tiendront un
registre de toutes les marchandises venues dans
leur échelle, des ports de France autres que celui
de Marseille et des ports étrangers, à l'adresse des

négocians français ; ainsi que de celles qui seront chargées dans les pays étrangers sur des bâtimens français pour le compte des étrangers ; et ils porteront à côté de chaque article le montant des droits qu'ils auront perçus sur lesdites marchandises, conformément à l'article 18 de l'arrêt du conseil du 27 Novembre 1779.

Art. 61. Ils tiendront un autre registre, dans lequel seront inscrites d'un côté la recette des sommes qui leur auront été fournies par la chambre du commerce de Marseille, pour subvenir aux dépenses fixées, et de l'autre les sommes payées en vertu de l'état arrêté par S. M. et des mandats de l'ambassadeur du Roi à Constantinople, et des Consuls ou vice-consuls dans les autres échelles.

Art. 62. Les dépenses fixées par l'état arrêté par S. M. qui doivent être faites dans les échelles, seront payées par les députés, sur les mandats de l'ambassadeur et des Consuls ou vice-consuls.

Art. 63. Les dépenses dénommées extraordinaires, également fixées par l'état arrêté par S. M. seront déterminées par des délibérations de la nations, et payées également sur les mandats des Consuls ou vice-consuls, dans lesquels seront spécifiés la somme, l'emploi et l'objet desdites dépenses. Permet cependant S. M. au Consuls de donner des mandats pour des dépenses urgentes, sans délibération préalable de la nation, pourvu

que lesdits mandats n'excèdent pas la somme de
quinze livres chacun , et que le total desdits mandats n'excède pas celle de deux cents livres par an.

Art. 64. Sa Majesté autorise son ambassadeur
à Constantinople, de disposer, sur ses mandats,
de la somme fixée pour les dépenses extraordinaires de cette échelle ,ainsi qu'il le jugera convenable pour le plus grand avantage de la nation.

Art. 65. Les présens , que la nation aura
délibéré de faire aux puissances du pays, seront
composés , autant qu'il sera possible, d'objets
d'industrie fabriqués en France. Les députés seront chargés d'en faire l'achat, et le montant leur
en sera alloué dans leurs comptes, sur les
quittances qu'ils en fourniront, visées par l'ambassadeur, et les Consuls ou vice-consuls.

Art. 66. Les députés rendront compte tous
les trois mois de la recette qu'ils auront faite
du droit de consulat, et des sommes qu'ils auront payées en vertu de l'état arrêté par Sa
Majesté, des délibérations de la nation , et des
mandats de l'ambassadeur et des Consuls ou
vice-consuls. Ces comptes, et leurs pièces justificatives seront examinés dans une assemblée de
la nation, tenue à cet effet, et seront ensuite
déposés dans la chancellerie. Les députés en
remettront une copie à l'ambassadeur, et aux
Consuls ou vice-consuls , pour être adressée au

secrétaire d'état ayant le département de la marine, et en enverront une autre copie à la chambre du commerce de Marseille, lesdites copies seront collationnées et légalisées en due forme.

ART. 67. Dans les échelles où il n'y aura pas de corps de nation, le chancelier sera chargé de faire les dépenses fixées par l'état arrêté par S. M. sur les mandats du vice-consul auquel il en rendra compte tous les trois mois. Le vice-consul adressera lesdits comptes, avec les pièces justificatives à l'ambassadeur ou au Consul du département, qui les remettra aux députés, pour faire article dans leur compte général.

Du Commerce.

ART. 68. S. M. défend à ses sujets de prêter leur nom aux étrangers, pour faire le commerce du Levant et de Barbarie, à peine de confiscation des marchandises, et de trois mille livres d'amende, applicable moitié au dénonciateur, et l'autre moitié à l'œuvre de la rédemption des captifs.

ART. 69. S. M. désirant procurer au commerce toute la liberté et les avantages dont il est susceptible, veut que les négocians de chaque échelle s'assemblent deux ou trois fois l'année, et plus souvent s'il est nécessaire, pour aviser aux moyens de rendre le commerce national le plus avantageux qu'il sera possible.

Art. 70. Les négocians pourront arrêter par délibération, les arrangemens qui leur paraîtront les plus convenables a leur intérêt général, à la sûreté du commerce, à la vente et à l'achat des marchandises, et ils pourront faire à ces délibérations les changemens que les circonstances exigeront.

Art. 71. Dans le cas où la nation d'une échelle délibérerait de vendre par répartition une espèce de marchandise, la marchandise de la même espèce, dont le prix serait par sa qualité supérieure de vingt pour cent en sus de la marchandise de qualité ordinaire, ne pourra être mise en répartition, à moins que le propriétaire n'y consente.

Art. 72. Ces délibérations contiendront les motifs qui les auront déterminées.

Art. 73. Elles seront autorisées provisoirement par l'Ambassadeur du Roi à Constantinople, et par les Consuls ou vice-consuls des autres échelles, lorsqu'elles auront passé a la pluralité des trois quarts des voix, et qu'elles ne contiendront rien de contraire a l'honnêteté et à l'intérêt de l'état.

Art. 74. L'ambassadeur du Roi, les Consuls et vice-consuls adresseront exactement au secrétaire d'état ayant le département de la marine, les délibérations de la nation, et les représentations des négocians qui ne les auraient pas adoptées, afin que S. M. sur le compte qui lui en sera rendu, puisse statuer sur le tout définitivement.

Art. 75. Tous les négocians des échelles seront tenus de se conformer à ces délibérations, lorsqu'elles auront été autorisées par les officiers du Roi, sous peine d'être renvoyés en France.

Art. 76. L'ambassadeur du Roi à Constantinople, les Consuls et vice-consuls dans les autres échelles, ne laisseront débarquer aucuns ballots de draps, qu'ils ne soient marqués de plombs d'inspection de Montpellier et de Marseille, et accompagnés des certificats des inspecteurs. Ils feront dresser procès-verbal du défaut de plomb et de certificat, qu'ils enverront avec lesdits ballots, aux frais des propriétaires, à la chambre du commerce de Marseille, pour y être statué conformément aux réglemens, et ils adresseront une copie dudit procès-verbal au secrétaire d'état ayant le département de la marine.

Art. 77. Ils renverront également à ladite chambre les pièces qui ne seront pas conformes aux échantillons, et celles qui manqueront de largeur au milieu et à la queue, quoiqu'elles aient à la tête la largeur déterminée par les réglemens, après avoir rempli les formalités prescrites par l'article précédent, afin que l'acheteur puisse exercer son recours contre qui de droit, et que le fabriquant soit condamné aux peines portées par les réglemens.

Art. 78. En cas de plainte sur le manque d'aunage, l'ambassadeur du Roi, les Consuls et les vice-consuls commettront deux négocians, pour procéder à la vérification dudit aunage, et estimer la moins value; et il sera dressé procès-verbal desdites vérification et estimation, afin que le négociant du Levant puisse avoir son recours contre le fabriquant ou son commissionnaire.

ART. 79. La vérification des aunages sera faite bois à bois, avec l'aune de Paris, qui doit être déposée à cet effet dans la chancellerie de chaque échelle.

ART. 80. Les Consuls et vice-consuls feront acheter des marchands étrangers, les draps qui pourront s'introduire dans leur échelle, par des voies détournées, et qui ne seront pas marquées par les inspecteurs de Montpellier et de Marseille. Ils en dresseront procès-verbal qui sera envoyé à la chambre du commerce de Marseille, avec lesdits draps, pour être les fabriquans et les négocians qui les auront faits passer en fraude, condamnés solidairement au remboursement du montant desdits draps, et aux peines portés par les réglemens.

ART. 81. Les arrêts et réglemens relatifs au commerce du papier, des cochenilles, des indigo et du grabeau d'indigo, seront exécutés selon leur forme et teneur. Sa Majesté défend expressément aux négocians, de frauder aucunes des marchandises qu'ils feront passer au Levant et en Barbarie, sous peine d'être punis très-sévèrement.

Art. 82. Les capitaines, maîtres ou patrons ne pourront porter en Levant et en Barbarie des draps, soit pour leur compte , soit pour les vendre pour le compte d'autres particuliers ; S. M. leur permet seulement d'employer pour leur pacotille , toutes les autres espèces de marchandises , jusqu'à concurrence de la somme de dix mille livres.

Art. 83. Les négocians français , qui feront faillite dans les échelles du Levant et de Barbarie , seront tenus de remettre leur bilan aux chancelleries desdites échelles. Les Consuls ou vice-consuls mettront le scellé sur les effets des faillis ; et ces officiers se conformeront dans ce cas aux lois du royaume, en tout ce que les lois et les usages du pays pourront permettre.

Art. 84. La délibération de la chambre du commerce de Marseille du 11 Août 1730 , homologuée par arrêt du parlement de Provence, du 16 du même mois , relativement au droit de suite , sera exécutée suivant sa forme et teneur , autant que les lois et les usages du pays pourront le permettre.

S. M. défend expressément à ses sujets, de transporter à des Turcs les billets qui ne seraient pas à ordre , et qui leur auraient été consentis par des gens du pays , à peine d'être responsables des dommages auxquels ces transports pourraient donner lieu.

Du décès des Français.

Art. 85. En cas du décès d'un Français, le Consul ou le vice-consul mettra le scellé sur ses meubles et effets, et ne souffrira pas que le scellé des officiers de la justice du pays y soit apposé.

Art. 86. Il sera tenu de faire procéder incessamment à l'inventaire des biens et effets des Français qui seront décédés sans héritiers sur les lieux, dont il chargera le chancelier au bas de l'inventaire, en présence de deux principaux négocians qui le signeront.

Art. 87. Si toutefois le défunt avait constitué, avant de mourir, un procureur pour recueillir ses effets, lesdits effets lui seront remis.

Art. 88. Sera tenu le Consul ou le vice-consul, d'envoyer incessamment une copie de l'inventaire des biens du décédé au secrétaire d'état ayant le département de la marine, et une autre à la chambre du commerce de Marseille, pour qu'elle puisse faire avertir les intéressés.

TITRE III.

De la Navigation des sujets du Roi dans les échelles du Levant et de Barbarie.

Arrivée des Capitaines dans les échelles.

Art. 1. Les capitaines, maîtres et patrons des bâtimens marchands français, qui aborderont dans les échelles du Levant et de Barbarie, seront tenus de se présenter, aussitôt qu'ils auront pourvu à la sûreté de leurs bâtimens, à l'ambassadeur du Roi, aux Consuls, vice-consuls et autres chargés des affaires de la marine ; auxquels ils feront apparoir de leur congé ou passeport de l'amiral, du rôle de leur équipage et de leur patente de santé, s'ils sont partis d'une autre échelle du Levant ou de Barbarie.

Art. 2. Ils informeront l'ambassadeur, lesdits Consuls, vice-consuls et autres personnes chargées des affaires de la marine, des événemens qui leur seront arrivés en mer, de ceux dont ils auront eu connaissance, pendant leur voyage, et de l'ordre qui régnera sur leur bord, afin qu'il y soit pourvu en cas de besoin.

Aʀᴛ. 3. Ils leur rendront compte également de l'état de la santé de leurs équipages.

Aʀᴛ. 4. Les capitaines, maîtres ou patrons des bâtimens navigans en caravane dans le Levant et la Barbarie, déposeront dans la chancellerie de la première échelle où ils aborderont, les effets des gens morts en mer, et le montant de ceux qui auront été vendus à bord, pour en empêcher le dépérissement, conformément au réglement du 23 Août 1749. Les Consuls, vice-consuls, ou autres personnes chargées des affaires de la marine, en donneront avis aux Officiers des classes des ports où lesdits bâtimens auront fait leur armement.

Aʀᴛ. 5. Les capitaines arrivant des ports de France ou d'autre pays de chrétienté, remettront en la chancellerie un manifeste ou état exact des marchandises composant le chargement de leur bâtiment, lequel état sera certifié et signé par eux.

Départ des Capitaines des échelles.

Aʀᴛ. 6. Les capitaines, maîtres ou patrons qui partiront pour France ou pour tout autre pays de chrétienté, remettront en la chancellerie un manifeste ou état exact des marchandises composant le chargement de leur bâtiment ; lequel état sera certifié et signé par eux.

Art. 7. Ils prendront, à leur départ, les ordres de l'ambassadeur du Roi, des Consuls, vice-consuls et autres personnes chargées des affaires de la marine.

Art. 8. Les capitaines, maîtres ou patrons des bâtimens qui seront venus directement de France ou d'autre pays de chrétienté, recevront à leur départ leur patente de santé des Consuls, vice-consuls ou autres personnes chargées des affaires de la marine.

Art. 9. Ceux qui seront venus d'un autre port du Levant ou de Barbarie, feront viser à leur départ par les Consuls, vice-consuls, ou autres personnes chargées des affaires de la marine, la patente de santé qui leur aura été expédiée dans la première échelle où ils auront abordé.

Art. 10. Enjoint S. M. à son ambassadeur à Constantinople, aux Consuls, vice-consuls et autres personnes chargées des affaires de la marine, en Levant et en Barbarie, ainsi qu'aux capitaines, maîtres ou patrons, de se conformer exactement à ce qui est prescrit à l'égard des patentes de santé, par l'ordonnance du 6 Septembre 1730, sous les peines portées par ladite ordonnance.

Adresse et chargement des bâtimens français.

Art. 11. Les bâtimens des sujets du Roi ne pourront être adressés dans les échelles du Levant et de Barbarie qu'aux établissemens français.

Art. 12. Permet cependant S. M. que les navires de ses sujets puissent être adressés aux négocians étrangers établis dans les échelles du Levant et de Barbarie, dans le cas seulement où lesdits navires auraient été frétés en entier par lesdits étrangers.

Art. 13. Permet encore S. M. aux étrangers de faire charger en France, pour le Levant et pour la Barbarie, sur les bâtimens de ses sujets, toutes sortes de denrées et de marchandises autres que les draps dont Elle réserve exclusivement le commerce à ses sujets, et lesdites denrées et marchandises ne seront soumises qu'aux droits imposés sur le commerce des sujets de S. M.

Art. 14. Défend S. M. à tous capitaines, maîtres ou patrons qui seront en charge dans les ports de France pour le Levant et pour la Barbarie, d'embarquer des draps, tant pour le compte des étrangers qu'à leur adresse, à peine de confiscation desdits draps, et d'interdiction pour les capitaines, maîtres ou patrons.

Art. 15. Permet S. M. aux étrangers d'envoyer des échelles du Levant et de Barbarie, en droiture à Marseille, par les bâtimens français, toutes sortes de denrées et de marchandises , lesquelles , en ce cas , ne seront soumises qu'aux droits imposés sur le commerce des sujets du Roi ; S. M. dérogeant à cet égard seulement , aux édits , déclarations , arrêts , ordonnances et réglemens relatifs au droit de vingt pour cent.

Art. 16. Défend S. M. à ses sujets , de se servir des bâtimens étrangers pour faire le commerce du Levant et de Barbarie , sous peine de confiscation et de trois mille livres d'amende , applicable moitié au dénonciateur , et moitié à la caisse des invalides de la marine.

De la Police sur les bâtimens marchands.

Art. 17. Les Consuls et vice-consuls auront la police sur les navires marchands dans les ports et rades de leur département.

Art. 18. Défend S. M. à tous capitaines, maîtres, patrons , matelots et autres gens embarqués sur les bâtimens de ses sujets , navigans dans les échelles du Levant et de Barbarie , de se pourvoir pour raison des différends qu'ils pourraient avoir dans les-dits pays , par-devant d'autres juges que les Con-suls et vice-consuls , *sauf auxdits Consuls et vice-consuls d'agir en leur faveur, ou de leur per-mettre d'agir par-devant qui et ainsi qu'il appar-*

*tiendra , dans le cas où ils ne pourraient pas leur
rendre justice eux-mêmes.*

ART. 19. Défend S. M. à tous capitaines , maîtres
ou patrons français , étant dans les échelles du
Levant et de Barbarie , de laisser descendre leurs
matelots à terre , sans la permission des Consuls et
vice-consuls et sans nécessité ; et en ce cas , ils les
feront surveiller par leurs officiers.

ART. 20. Défend pareillement S. M. de laisser
descendre à terre aucun mousse, sans le mettre sous
la garde d'un officier ou d'un matelot de confiance,
à peine de trois cents livres d'amende applicable
à la caisse des invalides de la marine.

ART. 21. Défend S. M. à tous navigateurs français , d'aller dans les auberges ou tavernes du
pays , sous peine d'être punis suivant l'exigence
des cas.

ART. 22. S. M. interdit à tous Français , de tenir
taverne dans les échelles du Levant et de Barbarie :
Elle autorise seulement les Consuls et vice-consuls
à permettre l'établissement d'une auberge nationale pour les gens de mer , passagers , voyageurs
ou autres sujets de S. M. , dans les lieux où elle
sera jugée absolument nécessaire. N'entend S. M.
que l'établissement d'aucune auberge nationale
dans les échelles puisse servir de prétexte à des abus
qu'Elle punirait avec la plus grande sévérité.

ART. 23. Les auberges nationales seront toujours

placées le plus à portée qu'il sera possible du logement des Consuls ou vice-consuls , auxquels S. M.
ordonne de surveiller ces établissemens avec exactitude et rigidité , et d'y exercer la police la plus
sévère.

Art. 24. Défend S. M. aux personnes qui tiendront lesdites auberges , d'y admettre les gens du
pays et les matelots étrangers.

Art. 25. Toutes les avanies et dépenses occa-
sionnées par les gens de mer , soit à terre , soit à
bord , demeureront à la charge des capitaines ,
maîtres ou patrons , solidairement avec les armateurs des bâtimens.

Art. 26. Défend S. M. aux capitaines , maîtres
et patrons des bâtimens français , étant dans les
ports et rades du Levant et de Barbarie , de maltraiter leurs équipages , de donner la cale et de
punir d'autres semblables peines , les matelots mu-
tins , ivrognes ou désobéissans , et ceux qui mal-
traiteraient leurs camarades ou commettraient d'autres semblables fautes ou délits, à moins qu'ils n'en
aient obtenu la permission de l'ambassadeur , des
Consuls et vice-consuls.

Art. 27. L'ambassadeur , les Consuls et vice-
consuls informeront le secrétaire d'état ayant le département de la marine , des noms des capitaines
qui, par mauvais traitemens , défaut de nourriture,

ou de quelque manière que ce soit, occasionne-
raient la désertion des matelots de leur équipage.

ART. 28. Lorsqu'un matelot ou mousse désertera
d'un bâtiment, le capitaine, maître ou patron sera
tenu d'en avertir les Consuls, vice - consuls ou
autres personnes chargées des affaires de la marine,
qui rempliront à cet égard ce qui leur est prescrit
par les ordonnances.

ART. 29. Les capitaines, maîtres ou patrons qui
laisseront dans les échelles des gens de mer, qui
auront été débarqués malades, seront tenus de
pourvoir aux frais des maladies contractées pendant
le voyage, et à la dépense nécessaire pour mettre
lesdits gens de mer en état de se conduire chez
eux, ou pour fournir en cas de mort, aux frais de
leur enterrement. Ils déposeront pour cet effet en
la chancellerie une somme suffisante, ou donneront une caution solvable qui fera sa soumission
en chancellerie de satisfaire auxdites charges.

ART. 30. Les Consuls, vice-consuls ou autres personnes chargées des affaires de la marine dans les
échelles du Levant et de Barbarie, feront toutes
les démarches nécessaires, pour découvrir de quels
navires proviennent les matelots qui s'embarqueront
dans leur échelle, soit en remplacement ou comme
passagers ; le nom des capitaines qui en avaient
le commandement, d'où ils sont, en quels temps
ils ont été expédiés ; ils en feront mention dans

le rôle d'équipage, et feront faire au bas dudit rôle par le capitaine une soumission de remettre lesdits matelots aux officiers des classes des ports où ils aborderont, et en donneront avis au secrétaire d'état ayant le département de la marine.

Art. 31. Ordonne S. M. à tous capitaines, maitres et patrons des bâtimens français, qui se trouveront dans les échelles du Levant et de Barbarie, de recevoir à leur bord, lorsqu'ils seront prêts à faire leur retour en France, tous les passagers français dont l'embarquement sera ordonné par son ambassadeur à Constantinople; et par les Consuls ou vice-consuls dans les autres échelles.

Art. 32. Veut S. M. que pour les matelots, déserteurs, dégradés, et autres personnes sans ressource, il soit payé auxdits capitaines, maîtres ou patrons, dix sous par jour, tant pour passage que pour nourriture, pendant le temps qu'ils seront sur leur bord : et en rapportant, par lesdits capitaines, maîtres ou patrons, les ordres de l'ambassadeur, des Consuls et vice-consuls, pour l'embarquement desdits passagers et les certificats du débarquement en France, qui seront donné par les commissaires des classes des ports où ils arriveront, visés par l'intendant desdits ports, ou par le principal officier d'administration ; le payement des dix sous par jour leur sera fait par le trésorier de la marine ou son commis, pour être ledit trésorier remboursé sur les ordonnances que S. M. fera expédier à cet effet.

Et pour les avances que l'ambassadeur du Roi à Constantinople, et les Consuls ou vice-consuls seront obligés de faire pour lesdits matelots, déserteurs, dégradés et autres personnes sans ressource avant leur embarquement, ils en dresseront des états qu'ils enverront au secrétaire d'état ayant le département de la marine, et S. M. les autorise à tirer en même temps des lettres de change pour le montant desdites dépenses, sur le trésorier-général de la marine.

Art. 33. Enjoint S. M. à son ambassadeur à Constantinople, et aux Consuls et vice-consuls dans les autres échelles, de faire mention dans les ordres qu'ils délivreront pour l'embarquement des passagers qui doivent être à la charge du Roi ou à celle des particuliers.

Art. 34. Défend S. M. à tous capitaines, maîtres ou patrons français, qui navigueront dans les échelles du Levant et de Barbarie, d'embarquer sur leur bord aucunes personnes, soit français ou étrangers, sous prétexte de passage, sans le consentement et la permission de son ambassadeur à Constantinople, et des Consuls et vice-consuls des échelles, où devront se faire lesdits embarquemens, et sans que lesdits passagers soient inscrits sur leurs rôles d'équipage, à peine de quinze cents livres d'amende contre les capitaines, maîtres ou patrons qui auront contrevenu au présent article, ladite amende applicable à la caisse des invalides de la marine, et de répondre personnellement des événemens desdits embarquemens.

Art. 35. Ordonne S. M. à son ambassadeur à Constantinople, aux Consuls et aux vice-consuls des autres échelles, de n'accorder des permissions d'embarquement et des passeports qu'à des personnes dont le départ ne pourra compromettre la nation, ni lui être préjudiciable ; leur enjoint S. M. de rendre compte au secrétaire d'état de la marine des motifs qu'ils auront de refuser lesdits passeports et permissions.

Art. 36. Veut S. M. que si quelqu'un, à l'insu des capitaines, maîtres ou patrons, se trouvait ou se jetait à leur bord, ils soient tenus, sous peine de quinze cents livres d'amende applicable à la caisse des invalides de la marine, d'en aviser le commissaire des classes à leur arrivée en France, ou le Consul de France à leur arrivée en pays de chrétienté, et de les consigner auxdits commissaire ou Consul, après la quarantaine ; enfin qu'ils en disposent conformément aux ordres qu'ils demanderont au secrétaire d'état ayant le département de la marine. Veut encore S. M. que dans le cas où le bâtiment aborderait dans une échelle du Levant ou de Barbarie, celui qui se trouverait embarqué à l'insu et sans la participation des capitaines , maîtres ou patrons , soit remis au Consul ou vice-consul du lieu , qui, après s'en être assuré , en avisera le Consul, ou vice-consul du lieu de l'évasion, et fera embarquer le fugitif sur le premier bâtiment qui partira pour France.

ART. 37. Les capitaines , maîtres ou patrons , contremaîtres et quartiers-maîtres seront tenus , à peine de cent livres d'amende applicable à la caisse des invalides de la marine , d'informer contre les matelots ou autres personnes embarquées sur leur bord , qui seront prévenus de meurtres, assassinats ou autres crimes capitaux , commis en mer , de se saisir de leur personnes , de faire les instructions urgentes et nécessaires pour servir à leur procès , et de les remettre avec les coupables entre les mains *du Consul ou vice-consul de la première échelle où ils aborderont , pour être leur procès instruit plus amplement, et envoyé avec les coupables aux officiers de l'amirauté par le premier bâtiment qui fera son retour en France, conformément à l'édit du mois de Juin* 1778.

ART. 38. Les capitaines , maîtres ou patrons des bâtimens français navigans dans les échelles du Levant et de Barbarie , qui se noliseront aux gens du pays , seront tenus de passer leur contrat de nolisement en chancellerie , et d'en faire faire une

40.

copie en langue turque ou arabe , pour être remise entre les mains des nolisataires.

ART. 39. Aucuns capitaines , maîtres ou patrons des bâtimens français , ne pourront , sous quelque prétexte que ce soit , étant dans les ports du Levant et de Barbarie , faire porter la flamme blanche à aucuns des mâts de leur navire : leur défend expressément S. M. de l'y arborer , sous peine de désobéissance.

ART. 40. Les capitaines , maîtres et patrons ne pourront se dispenser de tirer le nombre de coups de canon qui leur sera ordonné par l'ambassadeur du Roi a Constantinople, et par les Consuls ou vice-consuls des échelles du Levant et de Barbarie , pour saluer les puissances du pays , et dans les occasions de réjouissances publiques , sans pouvoir dans aucun cas prétendre aucune indemnité.

S. M. ordonne expressément à son ambassadeur à Constantinople , aux Consuls et aux vice-cousuls de ne faire tirer des coups de canon , que dans les cas indispensables.

Des Naufrages.

ART. 41. Lorsqu'un bâtiment français aura le malheur de faire naufrage sur les côtes du Levant et de Barbarie , le Consul ou le vice-consul le plus à portée de l'endroit , donnera ses soins pour faire retirer et conserver tout ce qui aura échappé au naufrage.

Art. 42. Il fera procéder à la vente des effets ou agrès sauvés, jusqu'à concurrence des dépenses de nourriture et autres indispensables pour la conservation des équipages.

Art. 43. Et si les effets et agrès ne suffisent pas, ou que tout soit entièrement perdu, il pourvoira à la subsistance et autres dépenses desdits équipages. Il en dressera un état qu'il enverra au secrétaire d'état ayant le département de la marine. S. M. l'autorise à tirer en même temps des lettres de change pour le montant desdites dépenses sur le trésorier général de la marine.

Art. 44. Les Consuls et vice-consuls informeront le secrétaire d'état ayant le département de la marine, des bâtimens français qui seront vendus, démolis ou naufragés dans l'étendue de leur département, et adresseront à l'intendant de la marine, ou à l'ordonnateur des ports où ces bâtimens auront été expédiés, les décomptes des équipages, avec des lettres de change payables en monnaie de France pour les acquitter.

Des Salaires des Équipages.

Art. 45. Les capitaines, maîtres ou patrons, qui seront dans le cas de donner de l'argent

aux gens de leur équipage, pour acheter des
hardes ou pour tout autre besoin urgent, dans les
échelles du Levant et de Barbarie, ne pourront le
faire qu'avec le consentement et la permission de
l'ambassadeur du Roi à Constantinople, et des
Consuls et vice-consuls des autres échelles, et ne
pourront évaluer la monnaie du pays avec laquelle
ils feront ces payemens, qu'au prix du change fixé
dans chaque échelle pour toutes les opérations d'administration.

Art. 46. Lorsque les bâtimens seront détenus
dans les échelles par ordre des puissances du pays,
de l'ambassadeur du Roi et des Consuls ou vice-
consuls, par la craintes des corsaires ou pirates, ou
à l'occasion d'accidens de peste survenus dans lesdits bâtimens, il ne sera payé que demi-salaires
aux équipages pendant tout le temps de la déten-
tion, lequel sera constaté par l'ambassadeur du
Roi à Constantinople, et par les Consuls ou vice-
consuls des autres échelles.

De la Retenue en faveur des Invalides de la Marine.

Art. 47. La retenue pour la subsistance des officiers-mariniers, matelots, soldats, ouvriers et
autres invalides de la marine, continuera d'être
faite à raison de quatre deniers pour livre sur toutes

les dépenses de la marine , qui auront lieu dans les échelles du Levant et de Barbarie.

Art. 48. La retenue des six deniers pour livre continuera pareillement d'être faite sur les gages et appointemens des capitaines, maîtres, patrons, pilotes, officiers-mariniers et matelots employés au service des négocians, lorsque la liquidation desdits appointemens et gages sera faite dans les échelles du Levant et de Barbarie.

Art. 49. A l'égard de ceux qui serviront à la part, il sera aussi continué de leur être retenu au lieu des six deniers pour livre, savoir : aux capitaines, maîtres et patrons, trente sols par mois ; aux officiers-mariniers, quinze sols, et aux matelots indifféremment, sept sols six deniers aussi par mois, et ce, en raison du temps qu'ils auront été en mer et jusqu'à leur débarquement.

Art. 50. Pareille retenue de six deniers pour livre sera aussi continuée sur le montant total des prises faites en temps de guerre, qui seront liquidées dans les échelles du Levant et de Barbarie, déduction préalablement faite des frais et dépenses nécessaires pour la conservation des marchandises trouvées sur lesdites prises, et pour parvenir à leur vente.

Art. 51. Les Consuls et vice-consuls du Levant et de Barbarie, enverront des extraits de liquidation des prises qui seront vendues dans les ports de

leur département , aux trésoriers établis dans ceux
où les vaisseaux qui auront fait lesdites prises , auront armé , pour servir à faire rendre compte aux
armateurs , des sommes non réclamées , et qui regardent la recherche du don fait aux invalides de la
marine.

Art. 52. Lorsque les négocians et armateurs du
royaume acheteront ou feront construire dans les
échelles du Levant et de Barbarie des bâtimens , **et**
qu'ils les feront naviguer sous pavillon de France ,
ils retiendront les six deniers pour livre sur les
avances qu'ils feront aux équipages desdits bâtimens.

Art. 53. Les quatre deniers pour livre retenus
sur les dépenses de la marine , les six deniers
pour livre retenus sur les gages et appointemens
des officiers-mariniers ou matelots, ou sur le montant des prises , et les autres dons faits aux invalides de la marine , seront mis dans la caisse des
dépôts de la chancellerie du consulat , et le chancelier en fournira des reçus à ceux qui les auront
déposés.

Art. 54. Le chancelier tiendra un compte exact
de toutes les sommes qui seront remises dans la
caisse des dépôts , provenant des retenues et autres
dons faits aux invalides de la marine , et de celles
qu'il payera sur lesdits fonds , et ce compte sera

divisé en autant de chapitres qu'il y aura de recettes et de dépenses.

Art. 55. Défend S. M. audit chancelier, de disposer d'aucune somme provenant desdites retenues ou dons faits aux invalides, ni de faire aucune dépense sur iceux, sans y être autorisé par mandement de l'ambassadeur, des Consuls et vice-consuls.

Art. 56. Le chancelier rendra à la fin de chaque année, à l'ambassadeur, au Consul ou vice-consul le compte de sa recette et dépense, lequel sera visé par l'ambassadeur, le Consul ou vice-consul, et envoyé par lui au secrétaire d'état ayant le département de la marine, avec une lettre de change sur France, du solde dudit compte, payable à l'ordre du trésorier-général des invalides de la marine.

Art. 57. Les écritures et droit de dépôt seront payés aux chanceliers, conformément au tarif arrêté pour leurs émolumens, et passés en dépense dans le compte qui sera rendu à l'ambassadeur, au Consul ou vice-consul à la fin de chaque année.

TITRE IV.

De la Relâche des bâtimens du Roi dans les échelles du Levant et de Barbarie.

Des Saluts.

ART. 1. Lorsqu'une escadre, ou quelques vaisseaux, frégates ou autres bâtimens du Roi, relâcheront dans les ports et rades de la domination du Grand-Seigneur, le commandant ne saluera les forteresses qu'après que l'escadre, les vaisseaux, frégates ou autres bâtimens en auront été salués ; et il rendra le salut coup pour coup. Dans ce cas seulement, après le salut rendu aux forteresses, si le pavillon du Roi arboré à la maison consulaire est en vue de l'escadre et des vaisseaux, frégates ou autres bâtimens de S. M., l'officier-commandant fera saluer le pavillon du Roi de vingt-un coups de canon.

ART. 2. Dans les ports et rades de la résidence des princes de Barbarie, l'officier-commandant ne rendra le salut aux forteresses qu'après que le chargé des affaires de S. M. lui aura donné connaissance des honneurs qui doivent être respectivement ren-

dus. A l'égard du salut du pavillon du Roi arboré à
la maison du chargé des affaires de S. M. , il se con-
formera à l'article précédent.

Art. 3. Dans les ports et rades de Barbarie où les
souverains ne font pas leur résidence , et où il n'y
a pas d'officier du Roi , le commandant de l'escadre,
des vaisseaux , frégates ou autre bâtimens de S. M. ,
ne saluera les forteresses qu'après que l'escadre , les
vaisseaux, frégates ou autres bâtimens du Roi auront
été salués , et rendra le salut coup pour coup.

Précautions en cas de peste.

Art. 4. Dans le cas où la peste ou tout autre circonstance pourrait empêcher le commandant des
bâtimens du Roi , les officiers et leurs équipages , de
descendre à terre , les Consuls et vice-consuls auront la plus grande attention , dès que les bâtimens
seront en vue , d'expédier un bâteau au commandant
pour l'instruire de l'état du pays.

Art. 5. Lorsque l'avis , que le Consul ou vice-
consul donnera , sera relatif à quelqu'accident ou
soupçon de peste , le bâteau aura au bout de son mât
ou au bâton de son pavillon , une flamme rouge ;
dans ce cas le bâteau se placera de manière à pouvoir , sans communiquer avec l'équipage du bâtiment , jeter ses dépêches dans un sceau remplit de
vinaigre , qui sera descendu du bord à cet effet.

Des Visites.

Art. 6. Dès que les bâtimens du Roi auront mouillé, le commandant enverra à terre un officier de l'état-major, pour prévenir le Consul ou vice-consul de son arrivée.

Art. 7. Le Consul ou vice-consul, dans les échelles où il n'y a pas de Consul, fera la première visite au commandant; et il se rendra à cet effet à son bord dès que le temps le permettra, accompagné des officiers du consulat et du corps de la nation.

Art. 8. En cas d'absence du Consul, l'officier qui remplira les fonctions de Consul, fera également la première visite au commandant, dans la forme prescrite par l'article précédent.

Art. 9. Les Consuls, les vice-consuls et les élèves vice-consuls, lorsqu'ils rempliront les fonctions des Consuls, porteront le pavillon à l'arrière de leur canot.

Art. 10. Les Consuls du Levant seront salués de neuf coups de canon, en débordant du vaisseau-commandant; après leur première visite, les vice-consuls seront salués de sept coups.

Art. 11. Les Consuls, vice-consuls, ou toute autre personne chargée des affaires de S. M. en Barbarie, seront salués indistinctement de neuf coups de canon.

Art. 12. L'officier-commandant, accompagné d'une partie de l'état-major, rendra la visite au Consul ou au vice-consul.

Art. 13. Lorsque le commandant descendra à terre pour rendre sa visite, il en fera prévenir le Consul, le vice-consul ou l'officier qui remplira les fonctions de Consul, qui enverra au lieu du débarquement un drogman et un janissaire pour accompagner le commandant.

Art. 14. Et si le commandant est officier-général, il sera reçu a son débarquement, par tous les officiers du consulat qui l'accompagneront chez le Consul.

Art. 15. Le Consul, le vice-consul ou l'officier chargé des fonctions de Consul, assemblera chez lui le corps de nation pour y recevoir l'officier-commandant.

Art. 16. Il indiquera au commandant les visites qu'il aura à faire ou a rendre, suivant les usages de l'échelle.

Des Audiences.

Art. 17. Dans les cas où les commandans des bâtimens du Roi prendront audience des Princes de Barbarie, ils seront présentés par les chargés des affaires de S. M.

Art. 18. Lorsque les commandans des bâtimens

du Roi prendront audience des Princes de Barbarie,
ou feront des visites aux officiers du Grand-Seigneur,
et qu'ils seront accompagnés par les officiers des
bâtimens, et par les Français établis dans les
échelles ; les élèves vice-consuls ne prendront aucun rang, à moins qu'ils ne remplissent en Levant
les fonctions du Consul, et en Barbarie celles du
chargé des affaires de S. M.

Du Service.

Art. 19. Les Consuls ou vice-consuls informeront les commandans des bâtimens du Roi de tout ce
qui leur paraîtra intéressant pour le service de S. M.,
et pour la sûreté de la navigation de ses sujets, afin
que les commandans puissent faire tout ce qui dépendra d'eux pour l'avantage du service et du commerce, autant que la mission dont ils seront chargés le permettra.

Art. 20. S. M. prescrit à ses Consuls et vice-consuls, de donner tous leurs soins, et de faire toutes
les démarches nécessaires pour tout ce qui pourra
intéresser et faciliter le service de ses bâtimens.

Art. 21. Les Consuls ou vice-consuls seront
chargés, conjointement avec l'officier chargé du
détail général, de pourvoir à l'approvisionnement
des bâtimens de S. M. conformément aux états qui
auront été visés par le général ou commandant.

Art. 22. Les marchés seront passés par lesdits Consuls ou vice-consuls ; le général ou commandant nommera un ou deux officiers de la marine, pour constater la qualité et la quantité des vivres et autres remplacemens, et il en sera dressé un procès-verbal, dont copie sera envoyée au secrétaire d'état ayant le département de la marine.

Art. 23. S. M. autorise les Consuls et vice-consuls, à tirer des lettres de change pour le payement des vivres et autres remplacemens, soit sur le caissier du munitionnaire des vivres, soit sur le trésorier-général de la marine, suivant la nature des approvisionnemens ; lesdites lettres de change seront visées par le général ou commandant, et les Consuls ou vice-consuls en donneront avis par la plus prompte voie au secrétaire d'état ayant le département de la marine.

Art. 24. Il ne sera alloué à l'avenir, aux Consuls et vice-consuls, dans l'état des dépenses fixées pour l'administration des échelles, aucune somme, sous le prétexte des frais, auxquels la station des bâtimens du Roi dans le lieu de leur résidence pourrait les constituer, S. M. se réservant de les dédommager, lorsque les circonstances pourront l'exiger.

De la Police sur les bâtimens marchands, pendant la relâche des vaisseaux et autres bâtimens de S. M.

ART. 25. S. M. attribue aux commandans de ses bâtimens la police dans les rades, sur tous les bâtimens marchands qui ne seront pas dans le cas des exceptions énoncées par les articles suivans ; mais ils ne permettront aux équipages desdits bâtimens, d'aller a terre, qu'autant qu'ils seront assurés par les avis qu'ils auront des Consuls ou vice-consuls, qu'il ne saurait en résulter d'inconvénient pour la tranquillité des échelles.

ART. 26. Pendant le séjour des bâtimens du Roi dans les échelles, les Consuls ou vice-consuls ne conserveront la police que sur les bâtimens marchands qui seront dans les ports.

ART. 27. Dans les échelles où il n'y a pas de port, les Consuls ou vice-consuls conserveront également la police sur les bâtimens marchands mouillés dans les rades, à portée des douanes, faisant leur chargement ou leur déchargement.

De la Relâche de bâtimens du Roi à Constantinople.

ART. 28. Lorsque les bâtimens du Roi iront à Constantinople, l'ambassadeur de S. M. donnera connaissance aux officiers-commandans de ce qu'ils devront pratiquer pour les saluts, et les commandans s'y conformeront.

Art. 29. Les commandans des bâtimens de S. M. salueront le palais de France de vingt-un coups de canon.

Art. 30. Toutes les fois que l'ambassadeur du Roi se rendra sur un bâtiment de S. M. , il sera salué en débordant de dix-neuf coups de canon.

Art. 31. Pendant le séjour des batimens du Roi à Constantinople , les commandans feront également saluer de dix-neuf coups de canon , l'ambassadeur de S. M. , lorsqu'il ira prendre des audiences publiques , et qu'il en aura prévenu lesdits commandans.

N°. XII.

Réglement concernant les prises qui seront con-duites dans les ports étrangers, et les forma-lités que doivent remplir les Consuls de France qui y sont établis, du 8 Novembre 1779.

Article Premier.

Aussitôt que les Consuls de France, dans un des ports étrangers, auront connaissance qu'une prise ennemie y sera conduite, ils auront soin de s'y transporter sur-le-champ, même sans qu'ils en soient requis par le conducteur de la prise, ou de se rendre en rade à bord du bâtiment pris, dans le cas où il n'aurait pas encore pu entrer dans le port; ils y dresseront procès-verbal de la prise, scelleront les écoutilles et les chambres, feront inventaire de ce qui ne pourra être scellé, et établiront des gardiens.

Art. 2. Soit que les Consuls aillent prendre la déclaration du conducteur de la prise, ou quelle leur soit faite à leur domicile, ainsi qu'il est prescrit par

les ordonnances, ils auront soin de demander quel
jour positivement la prise aura été faite , le nom
du bâtiment pris , celui du bâtiment preneur, s'il
était seul , ou de conserve avec un ou plusieurs
autres , soit corsaires , soit vaisseaux ou frégates de
guerre ; le nom des gens d'équipage , passagers ou
autres qui seront trouvés sur le bâtiment ennemi au
moment de la prise.

Art. 3. Le capitaine qui aura fait la prise , ou
l'officier qui aura été chargé de l'amener, sera tenu
d'en faire aux Consuls un rapport détaillé , lequel
sera ensuite vérifié par l'interrogatoire de deux
hommes au moins de l'équipage , à l'exception des
cas de relâche , pour lesquels il suffira d'une simple
déclaration d'un des officiers , qui sera signé par
lui.

Art. 4. Lorsqu'il sera conduit dans un des ports
où sont établis des Consuls , des prises dont on se
serait emparé *sans lettres de marque* , ces officiers
retiendront la prise dans le port , y établiront les
gardiens nécessaires , demanderont main-forte en
cas de besoin , et rempliront toutes les formalités
civiles ; ils dresseront des procès-verbaux , dans
lesquels il sera fait mention du défaut de commission du preneur , et des réclamations qui leur seraient faites à cet égard , ou qui pourraient être
adressées au gouvernement de leur résidence , et
dont il leur aura été donné connaissance ; ils en

rendront compte au secrétaire d'état ayant le département de la marine, et ils enverront la procédure qu'ils auront instruite, au secrétaire-général de la marine.

Art. 5. Ils procéderont à l'interrogatoire des capitaines, des officiers et autres gens de l'équipage des bâtimens pris, feront translater les pièces du bord par un interprète connu, auquel ils feront prêter serment ; et ils adresseront, tant les expéditions desdits procès-verbaux, que les pièces originales et les translats (s'ils ont pu être faits), au secrétaire-général de la marine, pour être procédé au jugement desdites prises. Les Consuls ne prendront connaissance que des papiers trouvés sur les prises, qui concerneront la cargaison des bâtimens, comme rôles d'équipage et autres pièces de bord. Quant aux lettres et papiers particuliers, ils seront envoyés, sans être décachetés, au secrétaire d'état ayant le département de la marine.

Art. 6. Dans le procès-verbal d'interrogatoire des équipages des bâtimens pris, les Consuls recevront les plaintes que les prisonniers pourraient faire du traitement qu'ils auraient éprouvé, du pillage qui pourrait avoir été commis ; ils vérifieront les faits qui auront donné lieu à ces déclarations, et en rendront compte au secrétaire d'état ayant le département de la marine.

Art. 7. Les Consuls seront tenus d'envoyer

toutes les pièces ci-dessus, par *duplicata*, et par les voies les plus promptes et les plus sûres, huit jours au plus tard après l'arrivée de la prise dans le port; et si les postes sont établies dans les lieux de leur résidence, ils prendront un *recepissé* du directeur de la poste, ou celui du capitaine du navire qu'ils auront chargé de ces expéditions, dans le cas où l'envoi en devra être fait par mer.

Art. 8. Le ministère des Consuls sera borné aux opérations ci-dessus, pour les prises qui seront faites par les armateurs français; et lorsque le jugement de ces prises leur sera parvenu, ils le feront notifier à ces armateurs, et remettront le bâtiment pris à la disposition de la personne qui sera commise par eux à cet effet, sans autres formalités ultérieures. Il leur est néanmoins enjoint de veiller, comme commissaires en cette partie, aux intérêts des armateurs, de prendre connaissance des ventes, de les empêcher même, s'ils y reconnaissent des abus qui puissent leur être préjudiciables, et d'en rendre compte au secrétaire d'état ayant le département de la marine.

Art. 9. Cependant, si les marchandises provenant des prises faites par les corsaires ou autres bâtimens appartenans à des armateurs français, étaient sujettes à dépérissement, les Consuls sont autorisés à procéder, sans délai, au déchargement de ces effets, sans attendre la condamnation, pourvu toutefois que les bâtimens soient de construction ennemie, et que les prises aient tous les caractères qui annonceraient leur légitimité. Les Consuls feront faire l'estimation de ces marchandises, par quatre marchands domiciliés et connus dans le port de leur résidence ; et lorsqu'ils auront attesté la nécessité de la vente provisoire de ces marchandises, il y sera procédé sans délai ; et les négocians certifieront la somme que cette vente aura produite. Le magasin où seront déposés ces effets avant la vente, sera fermé de deux clefs, dont l'une restera entre les mains du Consul, et l'autre entre les mains d'un des négocians qui auront certifié la nécessité de la vente provisoire, à moins que les armateurs n'aient un commissionnaire dans le port, spécialement et légalement chargé de leur pouvoir, auquel cas, cette clef sera remise à sa disposition ; il en sera remise une troisième, s'il est nécessaire, au receveur des droits de douane.

Art. 10. Les Consuls ne pourront rien exiger sur le produit des prises faites par les corsaires ou bâtimens appartenans à des armateurs français, mais il leur sera payé les droits ci-après, pour le temps qu'ils pourraient employer aux opérations qui leur sont prescrites, savoir :

Aux Consuls, pour le transport à bord des bâtimens, l'apposition des scellés, pour chaque vacation de deux heures . . . . . . 6 liv.

Au chancelier, pour chaque vacation de deux heures, y compris le papier et deux expéditions . . . . 3 liv.

Aux Consuls pour l'inventaire, le déchargement, l'assistance à la vente provisoire qui pourrait être faite dans les cas prévus par l'article 9 du présent réglement, par heure .   1   10

Au chancelier, pour les mêmes opérations, y compris le papier et deux expéditions comme ci-dessus, par heure   15

Il est expressément défendu aux Consuls de France, d'exiger une plus forte rétribution, et il leur est recommandé de simplifier les opérations, et d'y apporter autant de célérité que d'exactitude et d'économie.

Art. 11. A l'égard des prises faites par les bâtimens de l'état, aussitôt que le jugement de bonne prise sera parvenu aux Consuls, ils procéderont sans délai à la levée des scellés, au déchargement des marchandises, qui seront inventoriées et mises en magasins, lequel sera fermé d'une double serrure, dont une clef restera entre les mains du Consul, et une seconde entre les mains du receveur des douanes, si le cas y échait.

Art. 12. Si les effets provenans des prises faites par les vaisseaux de guerre, exigeaient un déchargement et une vente provisoire , les Consuls pourront pareillement y procéder , lorsque le bâtiment pris sera de construction ennemie , et muni d'un passeport ennemi ; ils dresseront , comme ci-dessus , un procès-verbal d'estimation , et de l'état dans lequel ces effets auront été trouvés ; et ce procès-verbal sera signé de quatre négocians domiciliés et connus.

Art. 13. Les Consuls tiendront la main à ce que ni les officiers , ni les gens de l'équipage preneur , ne s'emparent d'aucuns effets, marchandises, agrès ou ustensiles faisant partie de la cargaison des bâtimens pris ; ils veilleront aussi à ce que les officiers des bâtimens de l'état , et les commandans des corsaires et navires preneurs, laissent aux prisonniers les hardes et effets à leur usage personnel et de première nécessité.

Art. 14. Immédiatement après que les Consuls auront reçu le jugement de bonne prise, qui doit leur être envoyé par le greffier du conseil des prises, il sera procédé à la vente de la prise, si fait n'a été , et le prix en sera exigé par les Consuls , comptant, ou en lettres de change à deux mois d'échéance , souscrites par des négocians d'une solidité reconnue, et passées à l'ordre du trésorier-général de la marine, qui en fera remettre le montant au trésorier du port de France , dans lequel les bâtimens preneurs auront été armés, pour la répartition en être faite aux équipages.

Art. 15. Toutes les ventes se feront publiquement par enchères, en observant les formalités usités dans les ports de la résidence des Consuls, qui prendront avant tout, l'attache du gouverneur ou commandant de la place, ou de telles autres personnes auxquelles la connaissance en pourrait appartenir.

Art. 16. Aucune vente de cargaison ne pourra être faite en bloc, sous quelque prétexte que ce puisse être, à moins que, sur le compte qui en sera rendu au secrétaire d'état ayant le département de la marine, il ne juge convenable d'en ordonner autrement ; mais le bâtiment avec son artillerie, ses agrèts, ustensiles et apparaux, devra toujours être vendu en un seul lot.

Art. 17. Dans le cas où un bâtiment de guerre qui aurait conduit une prise ennemie dans un port étranger, serait encore dans ce port lorsque le jugement de bonne prise sera parvenu aux Consuls, soit qu'il y eût été retenu par des vents contraires, par la nécessité d'être réparé ou par quelqu'autre circonstance particulière, soit enfin qu'il y eût relâché avec une nouvelle prise ou autrement, pourvu toutefois que l'état - major ou l'équipage n'aient pas été changés dans l'intervalle ; le Consul de France pourra faire une répartition provisoire par à-compte , si les cargaisons ont été vendues , et si le produit en a été réalisé , et particulièrement s'il est trouvé , à bord , des matières d'or ou d'argent , en lingots ou monnoyés , en se conformant aux réglemens du pays sur les monnaies. Cette répartition se fera cependant de manière que chaque individu ne reçoive pas plus de la moitié de la somme qui lui appartiendrait , si l'on procédait à une répartition définitive. Les Consuls , se conformeront d'ailleurs , dans cette répartition , à l'ordre de partage fixé par l'ordonnance du 28 Mars 1778 ; ils prendront des quittances de tous ceux qui auront reçu cet à-compte , et enverront ces pièces justificatives au secrétaire d'état ayant le département de la marine , qui les fera passer aux administrateurs des ports où le bâtiment aura été amené , et où la répartition devra être définitivement consommée. Lorsque les répartitions provisoires auront lieu , il en sera fait deux états dans la forme indiquée par le modèle annexé au présent réglement , et qui seront aussi envoyés au secrétaire d'état ayant le département de la marine.

Art. 18. Dans le cas où une prise aurait été faite par plusieurs bâtimens étant de conserve ou réunis par rencontre fortuite , et où il pourrait s'élever quelque discussion sur les droits qu'ils pourraient avoir sur la prise, il ne sera donné aucun à-compte , ni fait aucune distribution provisoire, sous quelque prétexte que ce puisse être, du produit de la prise, et il en sera immédiatement rendu compte au secrétaire d'état ayant le département de la marine.

ART. 19. S'il se trouvait sur les navires ennemis, pris par les bâtimens de guerre, des effets que les Consuls présumeraient pouvoir être utiles au service de l'état, ils en rendront compte au secrétaire d'état ayant le département de la marine qui, en conséquence de la réserve énoncée par l'art. 4 de l'ordonnance du 28 Mars 1778, donnera ordre aux Consuls d'en faire faire l'estimation par des constructeurs ou experts du port de leur résidence, ou fera payer le prix de ces effets, s'ils étaient compris dans l'état de ceux dont le payement est taxé par ledit article 4 de cette ordonnance.

ART. 20. Les Consuls feront passer au secrétaire général de la marine, les requêtes et réclamations qui pourraient leur être adressées par des sujets des états de leur résidence, ou étrangers quelconques, qui revendiqueraient des marchandises chargées pour leur compte, sur des navires ennemis ou neutres, qui seraient pris par des bâtimens français, et auront soin d'envoyer des copies de ces pièces, certifiées et collationnées par eux, au secrétaire d'état ayant le département de la marine.

ART. 21. Si les bâtimens pris appartenaient à des puissances neutres, les équipages de ces bâtimens

43*

ne seraient pas regardés, par les Consuls, comme prisonniers, et seraient au contraire traités avec beaucoup d'égards, à moins que le capitaine et le tiers au moins de l'équipage ne soient reconnus pour être des ennemis de l'état ; auquel cas tout l'équipage serait traité, ainsi que les lois de la guerre le prescrivent, avec beaucoup d'humanité.

ART. 22. Si dans le nombre des prisonniers qui pourraient être faits sur les bâtimens appartenant aux ennemis de l'état, il s'en trouvait qui prouvassent, par de valables certificats, qu'ils n'étaient à bord qu'en qualité de passagers, et qu'ils ne sont employés ni dans la marine, ni dans le service militaire des puissances ennemies, lorsque les Consuls s'en seront suffisamment assurés, ils pourront leur accorder la liberté, et ne pas les comprendre dans la liste des prisonniers qui doivent être échangés.

ART. 23. Quand il arrivera, dans les lieux de la résidence des Consuls, des Français ou des étrangers, attachés au service de France, et qui auraient besoin de secours pour y entrer, soit qu'ils aient été fait prisonniers et mis en liberté à condition d'échange, soit qu'ils aient obtenu leur retour, sur l'engagement de ne pas servir contre les ennemis de l'état, avant que leur échange soit consommé, soit enfin des Français naufragés ou échappés de quelques possessions françaises dévastées par l'ennemi, ou pour d'autres causes ; leur conduite leur sera payé eu égard à leur grade , ainsi qu'il a été pratiqué par le passé.

Art. 24. Les nègres et mulâtres ou gens de couleur qui seront trouvés sur les prises , seront regardés comme prisonniers, s'ils sont libres et font partie de l'équipage ; et alors il seront remis à titre d'échange aux Consuls ennemis , ou déposés dans la prison civile, si la prise est abordée dans un des ports de S. M. Catholique , ou des Etats-Unis de l'Amérique ; s'ils sont esclaves et font partie de la cargaison , ils seront renvoyés dans un des ports de France par le premier vaisseau neutre ou Français , et adressés au procureur de l'amirauté du port dans lequel ils devront être débarqués.

Art. 25. Les Consuls , ainsi qu'ils y sont autorisés , prendront soin des prisonniers qui leur seront remis , et pourvoiront à leur subsistance par les moyens les plus convenables , les plus économiques , et se concerteront avec les Consuls ou agens des Puissances ennemies pour leur échange ; ils pourront même remettre, par avance, des prisonniers à la disposition de ces Consuls ou agens, en exigeant d'eux une soumission de rendre un nombre égal de Français détenus dans leurs ports, ou d'en faire remettre la même quantité de ceux détenus dans les états des Puissances ennemies ;

et ils auront soin d'adresser au secrétaire d'état ayant le département de la marine, un état des prisonniers qu'ils auraient remis aux Consuls de la nation ennemie, et de ceux qui leur auraient été rendus à titre d'échange.

ART. 26. Ils détailleront, dans les comptes qu'ils rendront du produit des prises, les frais d'ouvriers et les dépenses par eux faites pour la conservation des bâtimens pris, le déchargement, le transport des marchandises, le loyer des magasins, frais d'affiches, de vente et autres, et se conformeront au modèle de liquidation particulière annexé au présent réglement, et tous les frais et dépenses seront prélevés sur le produit des prises. Il sera envoyé deux expéditions de ces états de liquidation au secrétaire d'état ayant le département de la marine.

ART. 27. Les Consuls dresseront par *duplicata* un état de situation des prises faites sur les ennemis de l'état, conforme au modèle joint au présent réglement, et ils auront soin d'en remplir les colonnes avec la plus grande exactitude. Ils enverront en même temps des comptes distincts et détaillés de la dépense qu'ils auront faite relativement aux prisonniers, et ils auront soin d'adresser, tous les mois, deux expéditions de ces pièces au secrétaire d'état ayant le département de la marine.

ART. 28. Les droits des Consuls sur les produits

des ventes qui seront faites par eux au profit des états-majors et équipages des bâtimens de guerre, leur seront attribués pour tous frais et vacations quelconques, dans les proportions suivantes ; savoir :

Deux et demi pour cent pour le produit des premiers. . . . . 20,000 fr.

Deux pour ceux depuis 20 liv. jusqu'à 50,000

Un et demi pour cent depuis 50 jusqu'à 100,000

Demi pour cent depuis cent jusqu'à 300,000

Se réservant de fixer la somme qui pourrait leur être accordée en forme de gratification, sur le produit des ventes, dans le cas où il serait portée à plus de 300,000 fr.

Ces officiers se conformeront d'ailleurs aux ordonnances et aux usages établis pour toutes les opérations dont la marche ne leur serait pas tracée par le présent réglement.

N°. XIII.

MÉMOIRE du Roi sur ce que les Consuls de la nation française établis dans les pays étrangers, doivent observer pour en rendre compte à S. M. par toutes les occasions.

SA MAJESTÉ veut qu'ils observent soigneusement la forme du gouvernement des villes où ils font leur résidence, ensemble de tout le pays circonvoisin.

Et comme leur principale occupation doit être le commerce, Sadite Majesté veut qu'ils s'informent avec soin de toutes les denrées et marchandises qui croissent dans le pays.

Des manufactures qui s'y font.

Quelles marchandises viennent des pays éloignés, soit par mer, soit par terre.

Si c'est par caravanes comme dans le Levant.

Combien il en vient chacune année; de quel nombre de bêtes de charge elles sont composées, combien et de quelle qualité sont les marchandises qu'elles apportent.

Si les naturels ou les sujets du même Prince font quelque commerce par mer , soit pour apporter les marchandises ou denrées nécessaires à la consommation , soit pour transporter celles qui croissent , ou qui sont apportées des autres pays.

Ou si les naturels et les autres sujets du même Prince ne font aucun commerce , quelles nations le font , avec combien de vaisseaux , de quelle qualité , quelles et quelle quantité de marchandises ils apportent et emportent.

Quels avantages ils en retirent , et quel est l'emploi de leurs vaisseaux , soit qu'ils ne servent qu'à apporter des pays où ils sont et remporter les marchandises qu'ils tirent , soit qu'ils soient employés à faire le commerce de port en port dans les états du même Prince en attendant leurs charges.

Et en cas que diverses nations étrangères y fassent commerce , leurs différentes manières , et les avantages qu'elles ont les unes sur les autres , soit par une plus grande et plus exacte connaissance du commerce , soit par une plus grande économie.

Si les marchandises viennent par mer , comme en Espagne et en Portugal , il est nécessaire de savoir de même combien de vaisseaux il en vient , et généralement tout ce qui est ci-dessus dit.

S. M. veut de plus être informée de la valeur , poids et titre de la monnaie qui a cours en chacun

pays ; s'il y a change ou non ; et tous les changemens que le titre et le cours des monnaies et du
change reçoivent chacune année.

Comme le plus important point de tout le commerce consiste en grand nombre de pièces de cinq
sols qui passent de France et d'Italie au Levant,
S. M. veut que les Consuls établis dans les échelles
du Levant examinent avec grand soin cette matière,
et qu'ils lui fassent savoir leurs avis sur tous les
expédiens que l'on pourrait pratiquer pour empêcher la continuation de ce désordre, qui tire tous
les ans des sommes très-considérables du royaume,
et qui abolit et ruine entièrement nos manufactures
pour substituer en leur place celles d'Angleterre et
de Hollande.

S. M. veut savoir les différens prix, titres, coins,
effigies, lieux de leurs fabriques, et les différentes
nations qui en portent au Levant, en quelle quantité, et quels avantages elles en reçoivent.

Fait à Paris, le 15 Mars, 1669.

N°. XIV.

TARIF des droits perçus par les commissaires des relations commerciales, sur les marchandises importées et exportées sur vaisseaux français, et des droits de chancellerie pour les expéditions qu'elle délivre.

Droit sur les navires, dit *droit de commissariat.* . . . . . 3 o val. de 100 fr.

Droit de Chancellerie.

Police d'assurance. . . . . 4 fr.
Contrats de mariage, testamens, donnations entre vifs et en mourant, et codicile des gens de commerce. . . . . 12 fr.
Expédition de ces actes. . . . . 4 fr.
Les mêmes actes pour capitaines et artisans. 6 fr.
Leur expédition. . . . . 2 fr.

Ces actes sont dressés et expédiés gratis pour les matelots.

44*

Ouverture , avération et enregistrement d'un testa-
  ment solennel de négocians et marchands. 12 fr.
Expédition. . . . . 4 fr.
Les mêmes actes pour capitaines et artisans. 6 fr.
Expédition. . . . . 2 fr.
Le tout gratis pour les matelots.
Descente et apposition de scellés dans les maisons
  ou magasins de négocians avec l'expédition. 6 fr.
Inventaires et encans dont la séance ne dure pas
  plus d'une heure. . . . . 1 fr.
Mêmes actes pour chaque séance. . . . 50 c.
Dépôt de sommes de 50 fr. et au-dessous. 1 fr. 50
Au-dessus de 50 fr. . . . . 3 fr.
Droit de dépôt. . . . . 2 fr.
Quittances des sommes de 50 francs et au-dessous.
                                        1 fr. 50
Au-dessus de 50 francs. . . . . . . 3 fr.
Expéditions de ces actes et quittances de dépôt.
                                        1 fr. 50
Transactions , émancipations , vente des biens et
  immeubles. . . . . 6 fr.
Expéditions de ces actes. . . : . . . . 2 fr.
Acte portant quittance , attestation, obligation ,
  procuration, enregistrement d'une pièce. 1 fr. 50
Expédition. . . . . , . . 50 c.
Patente de santé d'un bâtiment de mer. . 3 fr.
La même pour un passager. . . . . . 2 fr.
Elles sont délivrées gratuitement aux matelots.

État , manifeste du chargement d'un bâtiment et double expédition de ces actes. . . . 10 fr.

Requête aux fins d'être informé , ou simple demande. . . . . 1 fr. 50

Requête et exploit de saisie , faite en conséquence, et avec signification à la partie. . . . 3 fr.

Pour chaque déposition , dans une information ou enquête. . . . . 60 c.

Expédition de chaque déposition. . . . 20 c.

Protêt de lettre de change ou information avec la signification et réponse. . . . . 1 fr. 50

Expédition. . . . . 50 c.

Acte de cession, transport et autres de cette espèce. 4 fr.

Expédition. . . . . 1 fr. 35

Avération et enregistrement des pièces. . 3 fr.

Expédition. . . . . 1 fr.

Minute d'ordonnance de contestation , n'excédant pas une page d'écriture. . . . . . 1 fr.

Procès-verbal dit *consulat*, son ouverture, requête et expédition comprise. . . . 1 fr. 50

Déposition de chaque témoin , joint l'expédition. 80 c.

Actes de société et dissolution de société. 6 fr.

Affrétemens et nollissemens de bâtimens. . 3 fr.

Le visa des patentes est sans frais.

Par chaque témoin, lors d'enquête ou information, avec l'expédition. . . . . 80 c.

Consulat fait par un capitaine à son arrivée. 3 fr.

Voyage du chancelier à 2 lieues de sa résidence. 6 fr.

De deux à quatre lieues. . . . . 9 fr.

Pour un jour ou plus , *par jour.* . . . 12 fr.

Outre les frais de voyage , on lui payera tous les actes qu'il pourra faire.

Assignations , significations et autres exploits.

1 fr. 50

Autorisation des comptes d'un capitaine , pour salaire d'équipage. . . . . 1 fr.

Enregistrement du certificat d'un négociant, transférant ailleurs son domicile. . . . . 18 fr.

Enregistrement du certificat d'un commis. . 6 fr.

Pour chaque page d'expédition faite par le chancelier. . . . . 50 c.

Lesdites expéditions sont écrites à la grosse.

SUPPLÉMENT.

De l'intervention officieuse des Consuls, près des Tribunaux.

IL ne suffit pas qu'un fonctionnaire public ait de la capacité, du zèle et de l'instruction, pour que, placé entre la crainte de faire trop ou trop peu, il ne soit souvent embarrassé dans l'exercice de ses fonctions. Ses instructions n'ont pas prévu tous les cas, ni la jurisprudence des tribunaux épuisé toutes les hypothèses. Il est des occasions où un Consul ne peut bien remplir ses devoirs qu'en remontant aux principes fondamentaux de son établissement, pour y trouver les limites de son intervention et la manière de la faire valoir.

Nous citerons pour exemple une question qui s'est élevée au tribunal des prises à Paris, telle qu'elle est rapportée dans *la Bibliothèque commerciale de Peuchet*, Tome 2, page 239, avec le discours du commissaire du gouvernement, et ses conclusions adoptées par le tribunal. Nous terminerons cet article par quelques observations.

La question est ainsi posée :

Un Commissaire des relations commerciales. reconnu par le gouvernement français, peut-il par des actions ou des demandes, intervenir dans des contestations particulières, mues entre des négocians français et des négocians de sa nation?

L'occasion était un mémoire présenté au conseil des prises, le 13 Floréal an 8 (2 Juin 1800) par le Consul-général de S. M. le Roi de Dannemarck, tendant à obtenir la mise en sûreté ou le cautionnement du produit de la vente d'une prise faite sur des Danois.

Mr. Portalis, commissaire du gouvernement français près le tribunal des prises, porta la parole en ces termes :

„ Le commissaire de Sa Majesté Danoise, est un agent politique. Dès qu'il est reconnu par le gouvernement français, il peut incontestablement remplir les fonctions attachées à son mandat; mais peut-il, par des actions ou par des demandes, intervenir dans des *contestations particulières*, mues entre des négocians français et des négocians de sa nation ?

„ L'article XIII de l'arrêté du 6 Germinal, n'admet *que les parties ou leurs défenseurs, qui justifieront préalablement de leurs droits et de leurs pouvoirs.*

„ Le commissaire danois ne se montre pas pour son intérêt propre, mais comme chargé des intérêts d'autrui : il n'est point partie ; il ne prétend exercer que le ministère de défenseur, justifie-t-il de *son droit et de son pouvoir ?*

„ Il est vraisemblable qu'il n'agit qu'en vertu de son titre de commissaire des relations commerciales. Il est possible qu'on l'ait autorisé par ce titre à donner une attention particulière aux contestations dans lesquelles il se dit chargé des intérêts des négocians danois.

„ Mais tout titre que le commissaire danois ne tiendrait que de son gouvernement, ne saurait le rendre le véritable représentant des parties, au gouvernement appartient la protection, et aux parties seules la propriété. Un propriétaire peut disposer de son bien, et exercer ses droits par lui-même ou par autrui : mais chacun étant arbitre et régulateur de sa propre fortune, il n'est libre à qui que ce soit d'intervenir dans les affaires d'un autre, s'il n'en a reçu de lui le *pouvoir.* La mission générale donnée au commissaire danois par son Souverain, pour le charger de veiller à l'intérêt des négocians de sa nation, et sur-tout de ceux qui ont essuyé des prises, ne suffirait donc jamais pour établir ce commissaire mandataire proprement dit de chacun de ces négocians. Dans les principes du droit politique, la mission du commissaire danois est essentiellement limitée aux bons offices d'un protecteur qui recommande, et ne s'entend pas aux actes d'un fondé de pouvoir qui régit ou qui dispose.

„Je conviens qu'un droit plus ancien et plus sacré que le droit politique, je veux dire le droit social, autorise tout homme à suivre les affaires d'un absent qui ne connaît pas sa situation personnelle, et qui a besoin des secours spontanés de cette bienveillance naturelle, dont le germe n'a pu être entièrement étouffé par nos vices, et dont le droit civil est de sanctionner les effets.

„Il a été reconnu dans tous les temps, et chez tous les peuples policés, qu'un homme, à l'insu de son semblable, peut lui faire du bien, et que, s'il n'est jamais permis de faire le préjudice d'un autre, il l'est toujours de contribuer à son avantage, quoiqu'il n'en ait pas donné le mandat.

„Le commissaire danois, à défaut de tout mandat particulier ou spécial, pourrait peut-être se prévaloir de ces principes, pour justifier les démarches qu'il fait auprès du conseil des prises dans la cause ou dans l'affaire de ses compatriotes absens. Qui les défendra, s'il ne les défend pas, et si, par leur éloignement, ou par d'autres circonstances, ils sont dans l'impossibilité de se défendre eux-mêmes?

„Cependant, comme dans l'état de nos sociétés, il importe au maintien de l'ordre public et de la tranquillité, ainsi qu'à la sûreté des particuliers,

que les actions en justice ne soient pas populaires,
il est de maxime constante et universelle que l'intérêt seul est le principe de l'action, et qu'il faut
être partie, ou muni d'un pouvoir de la partie, pour
pouvoir intervenir dans un litige. On a cru qu'il
était nécessaire de prévenir les incursions dange-
reuses, que des esprits entreprenans ou inquiets
peuvent faire dans des choses qui ne les concernent
pas. On a cru encore que, pour arrêter les indis-
crétions d'un faux zèle, il était utile de prescrire
des limites à la bienfaisance même.

„Mais on a établi, près toutes les administra-
tions et tous les tribunaux, un ministère public,
connu aujourd'hui en France sous le nom de *commissaire du gouvernement*, qui est le défenseur né
de tous ceux qui n'en ont point, qui est partie principale dans les affaires importantes, et partie jointe
dans toutes. Cette institution admirable qui man-
quait aux anciens, est une barrière contre les sur-
prises, les dénis de justice, les violences et les
abus : la partie publique agit, et tous les droits
sont conservés ; elle veille, et tous les citoyens sont
tranquilles ; elle exerce toutes les actions du public;
elle représente les absens ; et, parmi nous, une
de ses principales fonctions, selon le témoignage
de d'Aguesseau, est de faciliter l'accès de la
justice aux étrangers, de proposer leurs défense, de leur offrir un appui, et de se rendre.

à leur égard le garant de la loyauté nationale.

„ Le commissaire danois ne doit donc pas s'a-
larmer , si je réclame les règles qui ne permettent
qu'aux parties , ou à leurs fondés de pouvoirs ,
d'exercer des actions , et de former des demandes.
L'intérêt de protection qu'il doit à ses compatriotes , suffit pour l'autoriser à éclairer la religion
des membres du conseil , par des notes , par des
instructions , par des mémoires. Jamais on ne doit
dédaigner les moyens de connaître la vérité ; de
quelque part qu'elle vienne , elle a des droits sur
l'esprit et sur le cœur des hommes.

„ Le commissaire danois peut donc recomman-
der et instruire ; il peut, par le devoir de sa place,
protéger indéfiniment les négocians de sa nation. Mais pour pouvoir agir plus particulièrement
dans les contestations pendantes entre les négocians de sa nation et les négocians français , il
aurait besoin d'un pouvoir spécial de la partie , ou
des parties au nom desquelles il agirait.

„ Le procureur fondé de plusieurs parties , doit
agir séparément dans chaque cause , pour l'intérêt
de chaque client , et ne pas cumuler , par des demandes *in globo* , des intérêts divers , qui ne se
ressemblent souvent pas , et qui exigent chacun un
examen séparé , et une énonciation distincte.

„ Je conclus donc à ce qu'il soit dit n'y avoir lieu

de prononcer sur la demande du commissaire-
général danois dans les contestations particulières
mues entre les négocians de sa nation et ceux de
France, sauf à lui à fournir au commissaire du
gouvernement près le conseil, telles notes ou tels
mémoires qu'il jugera utiles à l'intérêt desdits négocians de sa nation. "

*Le conseil a adopté ces conclusions, et décidé
comme principe général, qu'un commissaire des
relations commerciales, étranger, reconnu par
le gouvernement français, ne peut point, à ce
titre, et en vertu de son mandat seul, comme
agent politique, intervenir dans des contestations
particulières, mues entre les négocians français
et étrangers, faire des demandes et intenter des
actions pour eux et en leur nom.*

Ne serait-ce point plutôt trancher la question
que la résoudre? Les objections se présentent
en foule tant à l'égard des principes énoncés par
le commissaire du gouvernement, qu'à l'égard
des conséquences qu'il en tire; d'autres encore
naissent de la nature du tribunal où on les a
professés.

Nous devons d'abord supposer que, puisque le
Consul-général de Dannemarck intervenait dans
cette affaire, c'était parce que le propriétaire de la

cargaison , ignorant le péril qui le menaçait, n'avait pas eu le temps de paraître lui-même , ou d'envoyer une procuration.

C'était bien le cas où jamais pour le Consul, d'employer son intervention publiquement et comme protecteur qualifié de ses compatriotes , plutôt que comme un solliciteur obscur , tel qu'il s'en présente tant au tribunal des prises. C'est cependant le rôle qu'en quelque sorte il eût joué , s'il se fût réduit à présenter des notes , des instructions et des mémoires au commissaire et aux membres du tribunal , comme le conseille Mr. Portalis. Les nombreux solliciteurs de ces sortes de causes ne font pas autrement ; sans doute , parce que comme a dit plus bas ce magistrat : „ Jamais on ne doit „ dédaigner les moyens de connaître la vérité : de „ quelque part qu'elle vienne , elle a des droits sur „ l'esprit et sur le cœur des hommes. "

Le Consul danois remplissait donc les devoirs de sa place , mais Mr. Portalis lui a refusé la capacité de mandataire légitime ; les motifs qu'il allègue, sont-ils hors de toute atteinte ?

La jurisprudence romaine admettait l'intervention officieuse d'un ami qui se présentait devant les tribunaux au nom d'un ami absent, pour défendre ses droits. Il naissait de-la un quasi-contract , et une double action , qu'on appelait des affaires gérées *(negotiorum gestorum)* , l'une appartenait à celui qui avait géré, pour obtenir sa légitime indemnisation , de la part de celui dont il avait défendu les intérêts ; l'autre compétait à ce dernier, pour forcer l'intervenant a terminer l'affaire commencée et à en rendre compte.

Cette liberté indéfinie de comparaître pour un autre , a déplu à la jurisprudence moderne ; et c'est l'usage plutôt que la loi qui a fait tomber les anciennes maximes. La belle institution du ministère public , ou de la partie publique , admise chez la plupart des nations policées , y a certainement contribué.

Mais jamais l'intervention sans mandat n'a été totalement abolie : au contraire , dans certains cas et dans plusieurs pays , la loi a présumé le mandat , du mari pour la femme , du père pour le fils , etc. Ce sont même ces mandats tacitement reconnus, et conservés par l'usage qui ont fait tomber en désuétude les interventions purement officieuses. *Nul* , dit-on , *ne peut comparaître sans titre :* Qui en doute ? mais la question est de savoir *si le Consul en a un :* ce qui est bien différent et pas tout-à-fait aussi clair.

„ Tout titre, dit Mr. Portalis , que le commis-„ saire danois , ne tiendrait que de son gouverne-„ ment ne saurait le rendre le véritable représen-„ tant des parties. " C'est une assertion et non une preuve. Le Roi de Dannemarck, comme tout autre

Souverain , est bien le maître de donner à l'un de
ses sujets un mandat général qui l'autorise à comparaître par devant les tribunaux étrangers , dans
certaines causes ,   et pour certains sujets danois.
Et comme le Danois est tenu de se conformer à
cette loi , le tribunal étranger de son côté n'a nulle
raison d'admettre le mandat signé par un notaire,
et de refuser celui qui l'a été par un Roi. C'est donc
une question de fait plutôt que de droit. Il s'agit
de savoir *ce qu'ont voulu* les différens Souverains
qui ont établi des Consuls.

Il convient aussi de distinguer les affaires purement contentieuses de celles qui exigent ce que les
jurisconsultes appellent le *noble office des juges
(nobile officium)*. On peut se rendre très-difficile
dans le premier cas , et moins dans le second. En
effet , lorsqu'il ne s'agit que d'une mesure purement
conservatoire , et qu'il y aurait sur tout danger
dans le retard *(periculum in mora)* , l'intervention
du Consul n'a rien que de très-favorable ; s'il présente sur-tout les deux cautions salutaires , *de
dommages et de ratification (de damno et de
rato.)*

Et quand les principes établis par le commissaire
du gouvernement français , auraient pu faire loi
dans les tribunaux réguliers civils , est-il également
certain qu'un tribunal des prises dût se régler par

les mêmes maximes ? c'est ce dont il est permis de douter.

En effet, „ces tribunaux (dit Azuni, Tome 2, „Chap. 4, art. 4) sont des tribunaux d'exception, „établis pour juger les nationaux et les étrangers, „d'après les traités ou les lois maritimes. Aussi „voyons-nous partout que la discussion des prises „est traitée *administrativement* et soumise à l'ac-„tion immédiate du gouvernement.“ Et plus bas: „Ce conseil ne fait pas partie de l'ordre judi-„ciaire; c'est une institution politique, une com-„mission spéciale du gouvernement, établie pour „décider d'une manière administrative, la vali-„dité ou l'invalidité des prises maritimes: c'est „un tribunal d'équité, un corps isolé pour juger „les régnicoles et les étrangers; bien plus d'après „le droit des gens et les relations diplomatiques „à entretenir avec les puissances étrangères, „que d'après les formes rigoureuses du droit civil. „Sa compétence n'est pas conséquemment limitée „à des points de procédure, ou à des formalités, „quoiqu'il en soit le juge. L'instruction ne s'y „fait point comme devant les tribunaux ordi-„naires, etc. “

Cette définition des tribunaux des prises est conforme à l'usage de toutes les nations de l'Europe, comme on peut encore le voir dans le même auteur, et puisque partout on a cru trouver un avantage à séparer cette branche du contentieux de la jurisdiction civile, c'est une conséquence nécessaire que la forme de procéder soit autre que dans les tribunaux civils.

Il n'était donc point contre l'équité, et il était au contraire très-conforme au droit des gens, si nous ne nous trompons infiniment, d'admettre le Consul danois à représenter son compatriote; puisque le tribunal des prises participe des formes *administratives*, puisqu'il fait essentiellement partie du gouvernement, qu'on distingue partout, dans les temps modernes de *l'administration* de la justice, proprement dite.

Nous ignorons quel fut le parti que prit le Consul danois lorsqu'il eût connaissance du sort de sa demande; mais il nous paraît qu'il ne devait pas terminer la ses démarches protectrices. Soit que le tribunal des prises ait eu tort ou raison de ne pas vouloir reconnaître son droit d'intervention, ce Consul n'avait pas à craindre que le gouvernement méconnut son caractère. C'est donc au gouvernement qu'il devait s'adresser, après avoir été repoussé au tribunal. Il est inutile d'examiner quelle eut été la réponse qu'il aurait obtenue, il suffit d'observer qu'il en aurait eu une, dans laquelle on ne lui aurait sûrement pas contesté le droit d'intervenir pour un Danois absent, et menacé d'une perte considérable.

Nous ne saurions admettre qu'une discussion entre un corsaire et le propriétaire d'une prise, soit une contestation particulière du genre de celles qui occupent les tribunaux ordinaires. ,,La course ,, sur mer, en temps de guerre, n'est qu'une délé- ,, gation du droit de la guerre faite par le gouverne- ,, ment aux particuliers. Les corsaires font, par cette ,, raison. partie de la force armée, Les prises sont ,, par elles-mêmes des actes d'hostilité, de vraies ,, conquêtes vis-à-vis un ennemi déclaré ou dé- ,, guisé. *(Azuni ut supra.)*" Mr. Bennemant qualifie les prises de *propriété publique qu'on ne peut assimiler aux propriétés civiles.* Tout s'accorde donc pour qu'on ne puisse pas confondre ces genres de contestations avec des contestations particulières.

D'un autre côté, la protection que les Consuls doivent à leurs compatriotes est indéfinie, et doit être d'autant plus active que ceux-ci en ont un besoin plus urgent ; or, dans le cas dont il s'agit, rien n'était plus urgent que la demande du Consul. Ce n'était pas seulement la *contestation mue entre un négociant français et un étranger*, c'était la demande d'un Français *présent* pour s'approprier les biens d'un étranger *absent.*

Supposons maintenant qu'un Danois eût intenté une action contre un autre Danois ou contre tout autre étranger absent, devant un tribunal de France.

le Consul de la partie absente pourra-t-il se représenter, et son intervention officieuse sera-t-elle admise ? La décision du Conseil des prises ne s'y oppose pas, puisqu'elle ne décide que le cas où la *contestation est mue entre des négocians français et des étrangers.* Mais si l'on s'attache à l'esprit des principes posés par le commissaire du gouvernement, on pourrait croire que ces principes s'étendent plus loin que le tribunal ne l'a voulu.

Si l'on réfléchit donc attentivement aux raisons que nous avons tirées de la jurisprudence civile en général, et de la nature particulière du tribunal des prises, il paraîtra que la question n'a pas été complètement approfondie, ni résolue d'une manière qui puisse servir de règle générale dans les tribunanx.

F I N.

TABLE DES CHAPITRES.

De l'origine et des fonctions des Consuls.

CHAPITRE VII.

APPENDICE.

N°. VII. DIPLOMATIE COMMERCIALE.

SUPPLÉMENT.

www.ingramcontent.com/pod-product-compliance
Lightning Source LLC
LaVergne TN
LVHW021214170726
843501LV00003B/512